レジリエンス
京都！

もくじ

● はじめに
(CROコラム１) 「レジリエンスと生涯学習」

第1章 レジリエンスって何？
１－１　みんな、どこかで「レジ」ってる！ 002
１－２　レジリエンスという言葉を広げるために 006
１－３　災害だけの言葉ではないレジリエンス 008

第2章 レジリエント・シティ選定への道のり
２－１　レジリエント・シティへの応募と選定 012
２－２　アジェンダ・セッティング・ワークショップ 017
２－３　CROオリエンテーション 022
２－４　海外での交流 025
(CROコラム２) 「防災・減災と自然との関わり」 030

第3章 レジリエンス概念の拡がり
３－１　生態学から広がったレジリエンス 032
３－２　人間の心や身体におけるレジリエンス 035
３－３　レジリエンスが育つ環境 040
３－４　社会のレジリエンスとは何か 042
３－５　想定外の事態とレジリエンス 045
３－６　都市のレジリエンスに求められるもの 050

第4章 京都市の都市特性
4－1　世界有数の歴史都市 056
4－2　政令指定都市としての役割 058
4－3　教育と次世代育成を大切にするまち 060
4－4　祭礼が生活に息づくまち 063
4－5　世界文化自由都市 067
(CROコラム3）「区民運動会と防災訓練」 070

第5章 レジリエンス戦略の策定
5－1　京都市レジリエンス戦略への道筋 072
5－2　戦略の具体的な柱 082
5－3　レジリエンス構築に向けた議論の深まり 091
5－4　他都市のレジリエンス戦略 096

第6章 レジリエンスから見た京都市の強みと課題
6－1　今も残る地域コミュニティ 110
6－2　文化・芸術、歴史的遺産の宝庫 116
6－3　ものづくりの伝統と芸術の振興 121
6－4　京都ならではの景観や町並み 124
6－5　市民生活における安全の確保 134
6－6　環境先進都市としての世界への発信 139
6－7　山紫水明のまちと自然への畏敬 143
6－8　災害に強いまちと減災への備え 145
(CROコラム4）「復旧と復興」 148

第7章 人口減少社会におけるレジリエンス

7－1　来たるべき時代の人口減少予測と課題 150
7－2　人口減少をどのように受け止めるか 155
7－3　少子化への本腰での対応 157

第8章 子どもの育みとレジリエンス

8－1　「京都はぐくみ憲章」の策定 168
8－2　レジリエンスを先取りした「京都はぐくみ憲章」 171
8－3　危険を察知する能力の喪失と「ながらスマホ」 176
8－4　ヒトから人への成長 180
(CROコラム5)「今さえ良ければ！自分さえ良ければ！からの脱却」183

第9章 SDGsとレジリエンスの融合

9－1　SDGs（持続可能な開発目標）登場の背景 186
9－2　二つの東京オリンピックのはざまで 190
9－3　京都市におけるSDGsの先進性 194
9－4　産学公連携で進むSDGs 200
9－5　SDGsの課題とレジリエンス 203

第10章 新型コロナ禍とレジリエンス
10－1　私たちが直面する危機 212
10－2　新型コロナへの対処における課題 214
10－3　コロナを克服することは、以前の社会に戻ることなのか？ 219
10－4　レジリエンスが求められるポスト・コロナへの対応 227
10－5　都市文明の在り方を見直す機会に 229
(CROコラム６）「レジリエンスと持続可能性」 231

第11章 人類と自然との関係から考えるレジリエンス
11－1　人類と感染症 234
11－2　エネルギー問題と自然 237
11－3　人間はあくまでも自然の一部 241
11－4　かけがえのない生物多様性 244

第12章 経済成長至上主義からの脱却とレジリエンス
12－1　経済発展と自然支配 250
12－2　吾、唯、足るを知る 255
12－3　目指すべき社会の姿とは 258
12－4　私たちはどうあるべきか 263

●「未来からの手紙」とマンガ版リーフレット 268
(CROコラム７）「身近なレジリエンス」 284
● むすびに 286
● レジエリエント・シティとしての主な経緯 291
● 主な参考文献 292

はじめに

2017年7月、私はニューヨークのワールド・トレード・センターの跡地にできた記念館を訪れていた。

世界を震撼させた2001年9・11同時テロの舞台となった場所に建設されたこの建物は、アメリカの繁栄を象徴する巨大な超高層ビルであっただけに、廃墟として残っている残骸や大きく損傷した地下の構築物の痛々しいまでの姿は、思わず息を飲む凄まじさである。館内には、ハイジャックされた旅客機の乗客が家族にあてた肉声のラスト・メッセージが流し続けられている。携帯電話が普及した現代ならではの遺品であるが、彼らが、その数分後このビルに突入した旅客機に搭乗していたと思うと声が出ない。

館内には、記念の物産（さすがに「お土産」と言う言葉には違和感を覚える）が販売されているのだが、そのいくつかに、Renewal、Hopeとともに刻印されている文字が「Resilience（レジリエンス）」なのである。

レジリエンスの樹

犠牲者の名前を記す
モニュメント

実は、二つのビルの中庭にあった一本の木が、9・11 の後、焼け朽ちてほぼ枯れ死だった状態から、人々の努力によって奇跡的に復活し、今も希望の象徴として繁茂しているのだが、その生き残りの木(Survivor Tree)に与えられた言葉が、先の記念の物産に木の絵柄と共に刻印されているのである。

私たち日本人にとっては、東日本大震災の際の、陸前高田市の奇跡の一本松のことがすぐに思いつくが、9・11 にも同じようなエピソードがあったのだ。「一本松」は残念ながら枯れてしまい、切り取られた松の木からバイオリンなどの楽器が製作されて人々に感動を与えているが、こちらのレジリンスの木は、見事、復活し、今も生い茂っている。

つまり、この廃墟からどのように立ち上がるのか勇気を与える象徴として、おそらく「レジリエンスの木」が果たした役割は大きかったであろうし、被害に遭った多くの人々を弔い、残された遺族を激励する意味としても、レジリエンスと言う言葉がここで使われたことは紛れもない事実である。

このレジリエンスが、実は今日の我が国の社会の在り方を考える上で、極めて重要な用語になっている。まさに先行き不透明な現代社会において、あらゆる危機を想定しつつ、どのような事態が起ころうとも、しなやかに耐え忍び、復活していく大きな課題において、まさに不可欠の用語なのである。

特に地球環境も見据えた考察としては、持続可能性、持続可能な社会という表現が、今や一種の流行語と言えるほど知られているが、レジリエンスは、ある意味では、この持続可能性を包含しつつ、地球や人類の歴史において、さらに大きな視点を提示する考え方ではないだろうか。

本書は、京都市がロックフェラー財団の提唱による「世界100のレジリエント・シティ」に選定された経緯とその後の取組についての記録という意味を持つとともに、新型コロナ禍や様々な国際問題で揺れる現代社会について、レジリエンスをキーワードに見つめなおし、同時に昨今流行語の様に用いられているSDGs（持続可能な開発目標）との関係にも触れつつ、SDGsの先にある社会、即ち「超SDGs」をも視野に入れ、私たち自身のライフスタイルや人生設計を考える一助になればと念願して執筆した。

決して、学会に真価を問うような専門書ではないが、大規模災害やテロ、風水害などの突発的事象と地域コミュニティ意識の希薄化、著しい人口の減少、経済格差の進行、文化芸術の断絶と言った課題がいかに密接に関連し合っているかという点について、相互の繋がりや社会システムに起因する多角的な視点を、読んでくださった方、一人ひとりがご自分の課題として受け止めてくださることを念願しているし、それぞれの組織や地域の取組を見直す際の一助になることを期待している。

なお、各章の扉のページには、「京都をつなぐ無形文化遺産」として選定されている「京の年中行事」から各月の行事を選んで順に紹介している。

章の内容とは関係ないが御了承いただきたい。

また、「京都市レジリエンス戦略」の中に盛り込んだ「CROからのメッセージ」を章の終わりに「CROコラム」として挿入したので、あわせてお読みいただきたい。

(CROコラム1)

「レジリエンスと生涯学習」

生涯学習が目指すものは、いつでもどこでも学べることにとどまらず、学んだことで社会に貢献すること、さらに次の世代に継承することを含んでいると考えています。

レジリエンスにおいても、まず理念を学んで理解し、身近なことから実践する、そして次の世代に伝えていく、こうした営みを循環することで、レジリエンスのある社会が再生され続けるのではないでしょうか。

第 1 章

レジリエンスって何？

天満書（書初め）　北野天満宮（1月）

1-1 みんな、どこかで「レジ」ってる！

この本を手にしてくださった方の中で多いのは、「レジリエンス(Resilience)」あるいは形容詞での「レジリエント(resilient)」という言葉は何となく聞いたことがあり、興味はあるが、もう少し知りたい、理解を深める参考にしたいという方ではないだろうか。

筆者も、この言葉と出合ってから、まだ5年も経っていない新参者であり、ご一緒に考えていくきっかけにしていただけたら光栄である。

さて、レジリエンスは、英語の辞書を調べると確かに載っているが、少なくとも重要頻出用語の扱いは受けていないようである。もとは「跳ねる(Salire)」とか「跳ね返る(Resilire)」という意味のラテン語に由来するようであるが、今日、英語で用いられている意味としては、直訳すると、しなやかな強さ、即ち強靭さ、あるいは回復力、復元力といった語義になろう。しかし、使われる場面によって、意味合いが随分異なる言葉であることも間違いない。

宇宙に飛び出したレジリエンス号

最近では、日本人宇宙飛行士の野口聡一さんが乗船した宇宙船に、新型コロナ禍など困難な状況に打ち勝つという意味を込めて「レジリエンス号」と名付けられたことを記憶されている方もあるかもしれないが、一般的には、物体の強度を示す上で、硬いけれどポキッとは折れにくい状態や、柳や竹のように強い風にもしなやかにそよぐ様子などが、イメージしやすいように感じる。

実は、「強靭」という日本語は、もともとそういった意味合いだったのだろうが、現在、日常的に用いられる際の意味合いは、少し異なっており、どちらかというと、頑強で何やら鎧兜のような力強さが全面に出た響きを感じてしまう。

強靭な肉体、といった表現でも、鍛え抜かれた筋肉隆々としたボディビルダーのイメージが強いようである。

身近な存在のレジリエンス

しかし、レジリエンスには、もう少し広い意味が含まれている。特に私たちの心や気持ちの中にあるレジリエンスは、無意識のうちに体験していることが多い。

何か嫌なことがあって、「明日は仕事に行きたくないな」、「学校を休みたいな」、と否定的に考えていても、翌日になると、意外とさっぱりして、普段通りに行動できていたり、お茶、お花や踊りなどの稽古事を、もう止めようと思いつつ何とか頑張って続けているうち、知らず知らずのうちに壁を越えて、所作が身についたりすることもある。

ゴルフでも、ミスショットの後、上手くリカバリーできて、結果としてまとまったスコアで収まったということも、(筆者自身は殆ど経験できていないが) ある程度の中・上級者では、当たり前のことだろう。

もっと日常的な例で言えば、予定していたバスに乗り遅れても、タクシーで時間に間に合わせられたとか、もしその時点で、諦めたり投げ出したりしていたら、終わってしまうところを、粘り強く、へこたれず、努力し続けることが、実はレジリエンスなのである。

こうした経験で言えることは、失敗したり、意欲を無くしかけて落ち込んだりしていた自分と、立ち直った後の自分では、当然ながら別の存在になっている、つまり、前以上に成長した状態になっているということではないだろうか。そのように考えれば、レジリエンスとは、単に元通りに戻るのではなく、元の状態を克服して、より高みに成長する姿を表す言葉と言えそうである。

あるいは、事業が行き詰まったり、進路に展望が見いだせなくなったりして、思い切って新たな方法を探って挑戦したら、道が拓けたといった経験にも当てはまる。

筆者も大学を卒業して研究者の道を志しかけたが、自分には無理だと納得して、公務員に転身して、ぎりぎり採用年齢に間に合った。幸い、良き上司、同僚、部下に恵まれ、そして何よりも多くの市民の方との交流の中で、幸せな公務員人生を送れたと思っているが、そこにもレジリエンスが存在しているようである。

山よりでっかい獅子は出ない

もう一つの側面は、予期せぬ事態に直面することは、「ままある」という覚悟である。ちょっとした時に、机の角で足を打ったとか、階段を踏み外しそうになったとか、ハッとする落とし穴は常に身近に潜んでいる。そういう危険が「想定内」で起こっているうちは、私たちは通常、我慢して耐えることができる。中には、少しでも想定外のことに直面すると、動揺したり、努力を中断したりしてしまう人もいるだろうし、実際にしんどい思いをされている場合が多いだろう。

しかし、ものは考えようで、「山よりでっかい獅子は出ない」という諺の通り、出来る限り想定範囲を広げておけば、驚きも半減するだろう。そうした打たれ強さや覚悟も、実はレジリエンスなのである。

気持ちの持ち方だけでなく、身体に関しても、怪我をした時に、多くの場合は「日にち薬」という言葉で表されるように、後遺症も残らず回復するし、骨折のような大怪我をした際でも、頑張ってリハビリテーションをすることで、その周囲の筋肉が前より強くなったという経験をした人も多いだろう。もっと無意識な場面でも、少々の体調の異変は、しばらく静養すれば回復する。人間の体内にもともと備わった「自己治癒力」という表現で説明される場合が多いようだが、まさにそれこそ身体のレジリエンスと言えよう。

組織や集団のレジリエンス

これを、組織や集団に置き換えても、同じことが言えるかも知れない。会社が厳しい状況に置かれて、従業員が一致団結して危機を乗り越えた後に、組織全体に団結力や活性化が見られる場合があるし、教育活動において、野外活動をグループで行い、苦難に立ち向かうことで、集団づくりに役立てる取組などは、おそらく全ての学校現場で行われている。まさにそこで期待されているプロセスや状態がレジリエンスなのである。

このように、レジリエンスは、現実の生活では、概念としては日常的に用いられているものの、英語であることを含め確かに聞きなれない言

葉であることは否定できない。

そこで、いっそのこと、今どきの若者風に、「レジる」と省略してしまったらどうか、と「ツナグラボ」の中西將之代表取締役に提案されて使ってみたこともある。ちょっと「レジ」ってみよう！

結構、良い響きだと思うのだが、いかがだろうか。

1-2 レジリエンスという言葉を広げるために

さて、現実に、行政や市民社会において、レジリエンスの理念を広げていくためには、二つの方法が考えられる。つまり、適切な日本語訳を検討すべきか、そのまま英語のレジリエンスと言う言葉を使用すべきか、という選択である。

レジリエンスと言う言葉は、最近になって比較的頻繁に使われるようになったとは言え、この言葉を知っている日本人は極めて少数であるし、仮に言葉として知っていても、正しく理解されているケースは必ずしも多くない。もし、ある程度、知っている場合でも、エコロジーや心理学の用語として、あるいは災害対応についてのトレンドとして、特定の分野の用語としてのみ知っていると言う場合が多いのではなかろうか。

しかし何よりも、レジリエンスを的確に訳した日本語が見つからないことが決定的であり、「要するにひと言で言って、どういう意味ですか？」と尋ねられて困ることが多い。

レジリエンスの理念を都市の在り方に当てはめた「レジリエント・シ

ティ」という名称を直訳して「強靭都市」と訳すと、まるで頑丈な塀に囲まれた要塞都市のような印象を受けてしまう。しなやかな強さ、しなやかさと言う言い方をすれば、その点の誤解は解けるのだが、「しなやかな強さの都市」では訳語として、いかにも長ったらしい。

「しなやかな都市」の方が、まだしもレジリエンスに近いのかも知れないが、単にしなやかで、柳や水草のように漂うのは、ただ流れに身を任せて現状維持に留まっているイメージであるし、竹のようにしなるのも、ポキッと折れずに元の状態に戻るという意味で非常に近いのだが、単に元に戻る訳ではないように感じる。また「復元都市」では古代遺跡として発見された都市のように聞こえるかも知れない。

パブコメ、パワハラも、最初は抵抗があった

話は飛躍するが、昭和30年代に京都市教育委員会の機関として、カウンセリング・センターが開設された。行政組織の名称として、英語表記が用いられた最初の例の一つであろうが、当時、カウンセリングと言う用語が、市民生活に浸透していたとは考えられない。おそらく教育相談など類似する用語を充てることは可能であったのだろうが、敢(あ)えてカウンセリングと言う用語でスタートしたことは、先見の明があったように思われる。

また、近年の行政用語であるパブリック・コメントやコンプライアンス、パワーハラスメントと言った言葉も、まだまだ一般的ではないかも知れないが、10年前と今とでは、認知度は格段に高まっており、「パブコメ」、「コンプラ」、「パワハラ」と略されても通じるようになってきた。

1-3 災害だけの言葉ではないレジリエンス

　このレジリエンスに必要な要件の第一は、ポキッと折れない柔軟性、しなやかさであり、第二に回復力、復元力であり、先に述べたように、人間の身体や組織で考えると解りやすいのだが、レジリエンスという言葉が普及していく過程において、大きな契機となった事案が、2001年の9.11同時テロであり、また、専門家を中心にではあるが、我が国でも一定程度広く用いられるようになったのが2011年の東日本大震災であったことから、レジリエンスは災害への対処を中心に使われる言葉という印象が強いことは否定できない。

　余談になるが、筆者がレジリエント・シティ統括監（CRO）に就任した挨拶回りで、京都大学のレジリエンス実践ユニットのセンター長で、国のナショナル・レジリエンス懇談会の座長もされている藤井聡先生にご挨拶した際、筆者の名刺をご覧になったとたん、「あなたのオフィスは、防災危機管理室に置かれているんですか？それは、京都市としては最初から間違っていますね」と指摘されたのが印象に残っている。

　先に述べたように、京都市ではレジリエント・シティの取組の所管部局は、当初、防災危機管理室であり、当然、筆者の執務室も京都市の防災危機を所管する防災危機管理監という幹部職員の隣の部屋を用意してもらったのであるが、レジリエンスは災害対応に特化した仕事ではない、という意味で藤井先生は言われたのだろう。

　たしかに藤井先生の著書「レジリエンス・ジャパン構想」の中では、日本が直面している多様な「危機」を突破できる「レジリエンス（強靭さ）」を、オールジャパンで手に入れ、21世紀の「世界の成長センター」、強い日本を実現することを目指すことが重要と主張され、レジリエンスについては、短期的でない「長期的視野」、個別的視点でない「システム的な視点」、過剰な市場原理の回避と「適切な規制」、「社会（＝人の繋がり・コミュニティ）の力」、「自律・分散」の上での「協調・連携」等を挙げられており、災害への対応に特化するどころか、むしろ多岐の分野にわたる指摘がなされている。

もちろん、京都市でも、レジリエンスを災害対応に特化するつもりは毛頭なかったし、そもそも、災害対応そのものが、ハード面からソフト面まで様々な業務に関わるものであるし、それゆえ、以前は消防局の中に設置されていた防災危機管理室が、全庁の人事や予算も所管する行財政局に移管され、加えて防災危機管理監という全局を横断する局長級職員が配置されていることを申し添えたい。

雨降って、地固まる

とにかく、レジリエンスは直接の用語としては的確な訳がないのだが、身近な表現では、「雨、降って、地固まる」「災い転じて福となす」という諺が非常に近いように感じている。あるいは、英語ではあるが、「Build Back Better」という言葉も近いのではないだろうか。

つまり、単に、しなっているだけでも、元通りに戻るというのでもなく、元の状態以上により良く回復することや、元の状態とは異なった形で復活を遂げるといった意味合いが含まれた言葉なのである。だからこそ、幅広い分野でのキーワードとして、レジリエンスという言葉が用いられるようになったのだと感じている。

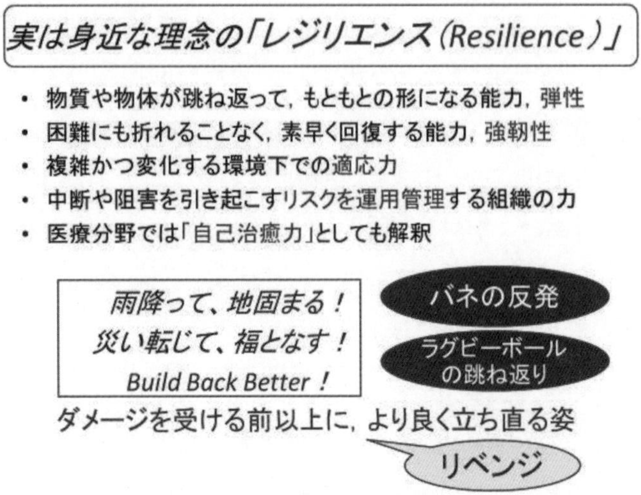

実は身近な理念の「レジリエンス（Resilience）」
• 物質や物体が跳ね返って，もともとの形になる能力，弾性
• 困難にも折れることなく，素早く回復する能力，強靭性
• 複雑かつ変化する環境下での適応力
• 中断や阻害を引き起こすリスクを運用管理する組織の力
• 医療分野では「自己治癒力」としても解釈
雨降って、地固まる！
災い転じて、福となす！
Build Back Better！
バネの反発
ラグビーボールの跳ね返り
ダメージを受ける前以上に，より良く立ち直る姿
リベンジ

これについては、我が国のレジリエンス研究の草分け的存在として幸せ経済社会研究所長をはじめ幅広く活躍されている枝廣淳子氏の名前を外すことができない。レジリエンスがどれほど様々な分野で用いられ、それぞれ有効かつ不可欠の用語となっているかを、「レジリエンスとは何か」というズバリそのものを表題にした著作で解りやすく展開しておられ、大いに参考にさせていただいた。

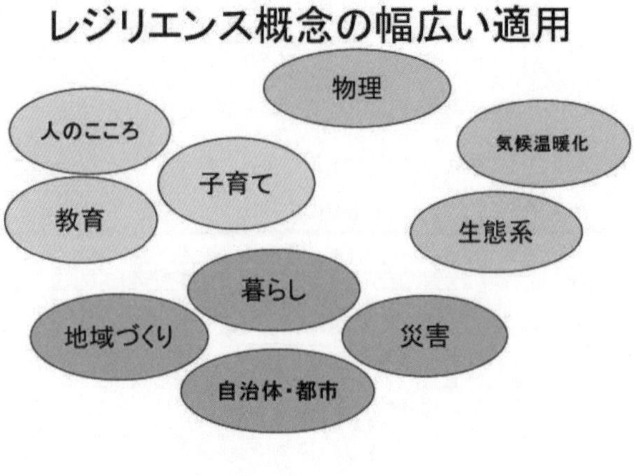

第 2 章

レジリエント・シティ選定への道のり

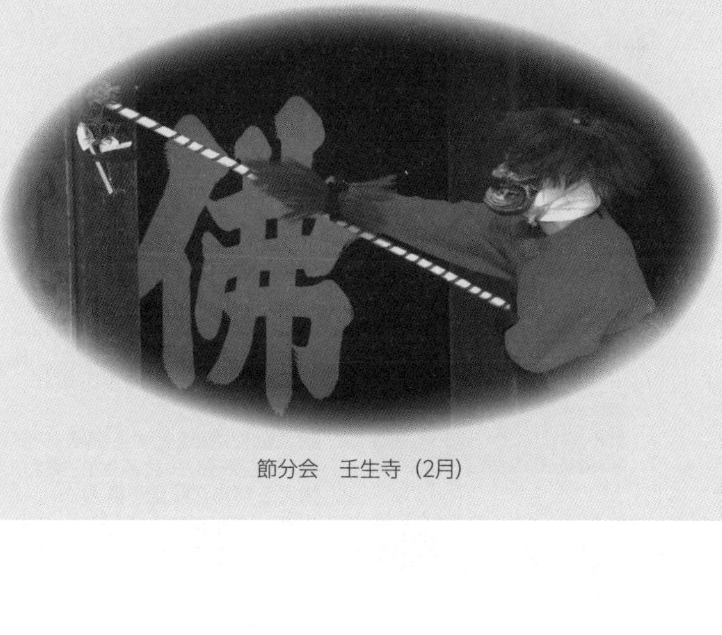

節分会　壬生寺（2月）

2-1 レジリエント・シティへの応募と選定

世界最大規模の慈善団体であるロックフェラー財団が、財団創設100周年を記念して2013年に世界に呼びかけたのが、「世界100都市のレジリエント・シティ（Resilient City）」のネットワークであり、財団の提唱により、取組の推進プロジェクトが立ちあげられ、３年間かけて募集が行われた。

同プロジェクトによれば、地球温暖化は益々深刻な様相を呈しており、一刻の猶予もならない状況になっている。また経済のグローバル化のもと、結果的に格差が拡大し、テロや暴動を引き起こす原因となるなど、経済発展の陰で進行する格差の是正に向けた見直しが求められている。

さらに、世界の人口は、どんどん都市部に集中していっており、毎週140万人の人口が都市に移動している。その結果、地球全体では、2007年現在、ほぼ半数の人口が都市に住んでいたが、2050年には70%の人口が都市に集中してしまうことが予想されている。

1900
10%
90%
2007
50%
50%
2030
60%
40%
2050
70%
30%
なぜ都市のレジリエンスか？
世界規模では，毎週140万人が、新たに都市領域へと移住（２０３０年には地球上の全人口の６割，２０５０年には７割が，僅かな面積しかない都市に居住）
・ 肥大化し，複雑化する都市の機能，「利便性」と「脆弱性」を兼ね備えた都市の課題を直視
・ 国家レベルの取組とは一線を画した適正規模でのモデルの追究

<都市の人口流入グラフ（100RC 資料に筆者が加筆）>

こうした著しい都市化を踏まえると、都市の在り方を抜本的に変えていくことが地球全体に与える影響や効果は、極めて大きく、そのような視点が、「レジリエンス」をキーワードとした世界主要都市のネットワークという狙いにあったことは間違いない。

ロックフェラー財団の呼びかけに対し、世界中から1000以上の都市が応募したそうであるが、残念ながら日本では、さほど話題になっていなかったように記憶している。

「ロックフェラー財団が面白い取組を始めているが、京都市は応募しないのか？」という問いかけが、京都大学の松本紘総長（当時）から門川大作京都市長にあったのが、募集が始まって３年目、間もなく募集期間も終了する間際であった。

レジリエント・シティと言う概念については、災害に強いまちづくりを切り口にした取組という理解が、当時、先行していたこともあり、京都市では、先に触れた防災危機管理室という部署が窓口になり、当時、防災・危機管理を所管する副市長であった筆者に、市長から対応を検討するよう下命があった。

富山市が我が国のレジリエント・シティ第一号

実は、我が国でこの100ＲＣのプロジェクトにいち早く対応したのは富山市である。なぜ、「富山市が選ばれてるのか？」という素朴な質問もよく聞くが、富山市は、まさに北陸の雄として、我が国初のLRTを導入するなど、コンパクト・シティの草分けとして、森雄志市長（当時）を先頭に、常に挑戦を続けている中核都市である。

筆者も、レジリエント・シティとしての取組を視察しに伺ったが、「富山の薬売り」の伝統で培われた薬瓶の技術を活用して、ガラス工芸美術館を開設したり、市内中心部に主要機関を集約して効率的なまちづくりを進めたりしているなど非常に興味深かった。

しかし、当然のことながら、京都とは都市規模も異なっており、富山の事例は事例として参考にはしつつ、京都として独自のレジリエンスを構築することを目指したのである。

世界でたった一人の日本人 CRO

レジリエント・シティは、ロックフェラー財団の「世界100レジリエント・シティのプロジェクト」（以下、「100RC」と略記）から支援を受けるにあたり、チーフ・レジリエンス・オフィサー（Chief Resilience Officer=CRO）と言う役職の専任職員を配置することになっており、CRO の報酬は100RC が負担することになっていた。100RC からレジリエント・シティに選定された都市に対する支援の一つであるが、富山市では、ジョセフ・ランゾー氏と言うアメリカ人研究者が市長直轄のレジリエンス戦略担当顧問として CRO に就任していた。従って、世界中で日本人の CRO は、結果的に筆者一人だけである。

さて、京都市では、所管の防災危機管理室から、担当副市長として、筆者が相談を受ける立場になった訳だが、既に京都市は世界歴史都市連盟と言う120都市以上が加入する国際的なネットワークを設けて事務局を担当しており、隔年開催される世界歴史都市会議では京都市長が議長を務めている。

またパリ、ボストン、西安、ケルン、キエフ、ザグレブ、グアダラハラ、プラハと言った姉妹都市（友情盟約都市など名称は異なるが）に加えて、姉妹都市に準じて民間ベースを中心に都市間交流を深めるパートナー・シティも次々と増えている過程で、ユネスコのクリエイティブ・シティなど類似したネットワークも気にかかる、といった理由で、筆者自身としては、率直なところ、これ以上の国際的なネットワークへの関わりを拡大するのは難しいのではないかと言う思いが強かった。

しかし、市長からは、是非、応募して京都の存在を世界に発信すべきとの方向が出され、応募に際して、100RC事務局とのテレビ面接には門川大作市長自らが直接応じるなど、強い意気込みで臨んだ結果、選定にかかる数々のハードルを乗り越え、まさに滑り込みセーフの形で、2016年５月に選定されたのである。

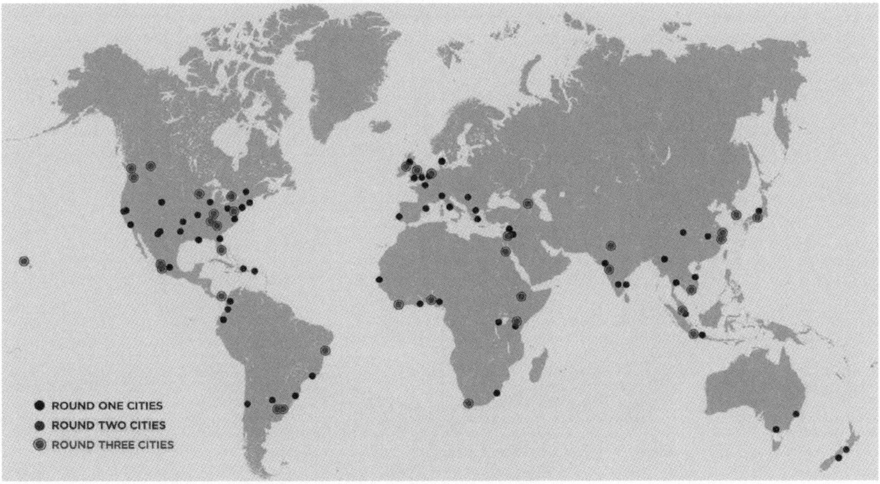

<世界100のレジリエント・シティ分布>

京都市がレジリエント・シティに選定された理由は、少なくとも100RCからは明らかにされていないが、世界有数の都市が選定されている中で、８世紀末から千年以上にわたり、様々な自然災害や戦乱を乗り

越えて都であり続け、さらに明治奠都後も、都市の機能を持続させ、日本の精神文化の拠点都市として発展していた京都は、世界でも稀有な持続可能な都市であることは言うまでもなく、いわば当然の選定であったとも考えられよう。

同年10月には、100RCでアジア太平洋地域を所管するシンガポール事務所から市長への訪問があり、筆者も担当副市長として同席したが、当時は、自分がこれほど濃密に関わることになるとは、全く予想もしていなかった。

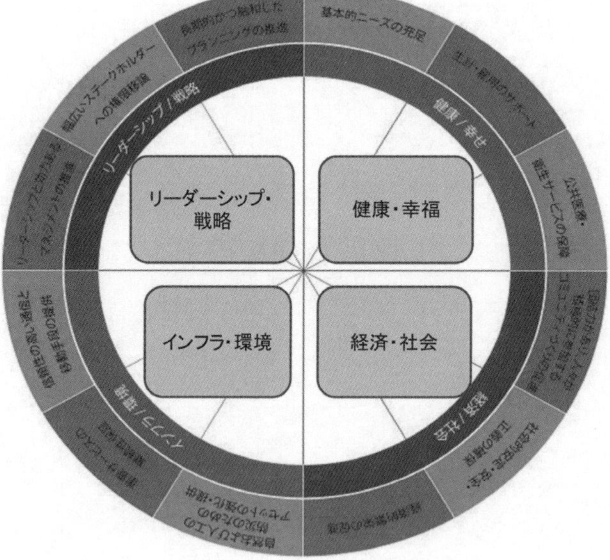

＜レジリエント・シティが掲げる指標（100RC作成）＞

2-2 アジェンダ・セッティング・ワークショップ

翌2017年2月8日には、いよいよレジリエント・シティの取組をスタートさせるため、京都市としてどのような解決すべき課題があるのか、行政だけでなく広く市民団体や民間事業者も一緒になって議論する「アジェンダ・セッティング・ワークショップ」を開催する運びとなった。

アジェンダ・セッティング・ワークショップとは聴き慣れない用語であるが、要するに「課題を設定するワークショップ」である。

レジリエント・シティとしての取組を開始するにあたり、都市にどのような課題があり、また、それらの課題に関して、どの程度、情報共有されているのかについて、関係者が一堂に集いワークショップを行うという、まさしくレジリエント・シティとしてのキック・オフ・イベントであった。

当時は、レジリエンスについて、まだ災害への対応と復興策を軸に捉えていたことは否定できないが、従来の狭い意味での防災に課題をしぼった会議ではなく、より広い関係者に声をかけていくことが模索された。

これらの呼びかけを行う経過の中で、ひと言で防災やテロ対策と言っても、京都市ならではの取組とするために、より幅広い市民に関心を持ってもらうことが不可欠だと言う認識は出来上がっていった。

災害時に協定を結ぶことや、日常的な協力をお願いする専門団体などは当然であるが、どのような危機を想定するのか考えると、相当大規模なネットワークを本気で構築しないと進まない。

その結果、市内の様々な分野から約130の団体に趣旨に賛同してもらうことができ、単に災害への対応に留まらない持続可能な都市の在り方を目指す市民運動として歩みを開始することになった。

　ワークショップ当日には、約100団体の代表に参加をしていただき、午前中の式典で、100RCを代表して、アジア太平洋地域事務所代表のローレン・ソーキン女史から市長への正式な選定を伝えるセレモニーを市会正副議長同席のもとで行った後、引き続き、既にレジリエント・シティに選定され、活動を進めていたタイのバンコクでの取組について、バンコクCROのスパチャイ博士から講演を聴き、レジリエンスの概念などについて簡単な説明を受けた。

＜2017年2月、レジリエント・シティ認証式を前に（右端が筆者）＞

　その後、ワークショップに移ったのであるが、おそらく参加されたメンバーの大半は、レジリエント・シティの趣旨を十分理解せずに来られていたであろうし、そもそも「レジリエンスと言う言葉を聞いたこともない」という状況の方も多かったと思う。

　後半のワークショップ自体は、100RCのガイドラインに基づき、

　「レジリエンスとは何かを理解する」

「京都のまちにとって重要なショックとストレスの優先順位付け」

「京都のまちのレジリエンスの現状を診断する」

「ショックとストレスの相関関係とレジリエンスの効果を理解する」

という４つのテーマで実施したが、非常に盛り上がり、自分たちの地域の課題から京都市の今後の問題、災害時など緊急時の対応に向けたアイデアなど、大変活気に満ちた議論の場となった。

約100団体が参加した
「課題設定ワークショップ」(2017年2月)

そうしたことが可能になるのが、京都市の市民力や地域力、さらには市民参加の深まりと言うことであろう。

参加された市民の皆さんが、非常に熱心に長時間にわたるワークショップに参加してくださった結果、参加された方々にレジリエンスについての理解も高めていただくことができたことは言うまでもない。

筆者も危機管理担当の副市長として、式典に参加したが、ショックとストレスと言った危機管理に関する原則的な理解や様々な危機が実は目の前に存在していることへの再認識の機会となった。

ところで、当日、プロジェクトを代表して参加されていたローレン・ソーキン女史から、100RC のピンバッジをいただいた。当然、市長をはじめ少なくとも数名の方には渡されたプレゼントなのだと思い込んでいたが、後で聞くと、そのピンバッジをもらったのは筆者だけだった。

勿論、当時は副市長在任中でもあり、４月から CRO として活動することになるとは想像もしていなかったので、何かのご縁だったのかと改めて納得している次第である。

<筆者がいただいたレジリエント・シティのバッジ>

副市長からレジリエント・シティ統括監（CRO）へ

レジリエント・シティとして選定され、課題の設定など取組が始まったが、本格的なスタートに欠かせない条件がCROの選任であった。

京都市議会でも、レジリエント・シティの取組を、今後どのように進めていくのか、本会議においても、市長総括質疑においても、取り上げられた。

実は京都市では、CROについては、行政内部の局長等を充てるのではなく、外部の専門家等で確保できないか模索しており、対外的にもそのように意思表示していた。議会での質問も、CROの確保をどうするのか、と言う点に注目が集まっていたと言っても差し支えない。

筆者も担当の副市長として、誰か適任者はいないか考えあぐねていたが、既に大学の要職にある研究者は現実に招聘が難しいこともあり、またレジリエンス戦略の策定が行政の対応と極めて密接に関わることから、京都市の施策に精通されていることが重要であり、なかなか人選は進んでいなかった。

そんな中で、筆者の副市長としての任期満了が近づき、再任はないことが確定した時点で、「それなら、いっその事、私がやらせていただきますが、いかがでしょうか？」と筆者から相談したところ、最初は大変驚いていた市長も、それならお願いしようか、と了解されたのであった。

京都市・レジリエント統括監

藤田副市長任命へ

藤田裕之氏

京都市は、災害やテロが起きても早期に復旧できる都市を目指すため、米財団のプロジェクトに合わせて4月1日に新設するポスト「レジリエント・シティ統括監（CRO）」に、3月末で副市長を退任する藤田裕之氏（61）を任命する。

レジリエント・シティは、米国のロックフェラー財団が選んだ世界100都市が対象で、ニューヨークやパリのほか、日本では京都市と富山市が入っている。世界水準で危機管理や都市問題への対応力を高める取り組み。各都市が置く統括監は、具体策を盛り込む戦略の策定、市長らに助言する役割を担う。

京都市で、副市長を退任後、市政に直接かかわるポストに就くのは異例。統括監は市長と委託契約を結ぶ立場で、人件費は同財団が負担する。藤田氏の任期は4月1日から2年間。市国際交流会館（左京区）の名誉館長も併任し、レジリエント・シティの取り組みを海外に発信する。

（沢田亮英）

<CRO内定を報じる2017年3月28日付京都新聞記事>

とは言え、3月31日の任期満了での副市長退任についてすら、対外的にまだ極秘である中で、筆者がCROとして適任であるかどうかの面接を

100RC事務局とのテレビ電話で行うなど、水面下の手続きは、防災危機管理室のスタッフなど関係者に大変負担をかけたことと思う。

いずれにせよ、3月31日で盛大に副市長の退庁セレモニーを催していただいた直後から、押小路通りを挟んで北隣の消防庁舎1階のCROのオフィスに場所を移し、副市長退任の挨拶もままならぬ中、新年度早々から切れ目なく、CROとしての新しい活動が始まったのである。

2-3 CROオリエンテーション

こうして、CRO（チーフ・レジリエンス・オフィサー）としての職務が始まった。

4月3日には、シンガポールでCROとしてのオリエンテーションが始まった。参加しているのは、アジア地域で新たにレジリエント・シティに選定された6名のCROであったが、すべて英語での説明や講義、そしてワークショップで、日本から同行してくれた通訳さんが終始、ウィスパーリング、つまり、耳元で筆者だけのために通訳をしてくれているのだが、率直なところ、どうしても頭に入って来ない。

しかも、レジリエント・シティとして必ず守るべき方法論のようなことを強調されていたが、率直なところ、日本で、そして京都で、そのまま適用していくのは無理だなと感じたのは事実である。

＜2017年４月、アジア地区の他都市CROらと（左から３番目が筆者）＞

しかし、都市によって様々な課題があることは改めて思い知らされた。安心して飲める水があること、まちが清潔に保たれていること、災害時などに物資が不足しても治安が守られていること、子どもが一人で歩いていても安全であることなど、日本では当たり前になっていることが、レジリエント・シティに選定されている他の都市においても、決して同じではないわけである。レジリエント・シティとして必須とされていることは、それぞれの都市の50年後100年後を展望した戦略を策定することであるが、地球環境の保全や福祉医療の充実など、当然、大前提になっている命題は別にして、どのようなテーマ、課題を設定していくかは、基本的に各都市の裁量に任されていることが理解できた。

レジリエンスと持続可能性の違い

いずれにせよ、「レジリエンス」と言う言葉自体が、1970年代にホリング（C.S.Holling）という研究者によって、主に生態学の分野で定義されるまで、学術的、専門的には殆ど使われることがなかったことなど、当時の筆者にとっては全てが初耳のことばかりであったが、少なくとも、千年以上、途絶することなく繁栄し続けてきた京都市は、国際的にも、いわば特別な存在であり、歴史や文化、伝統といった何物にも勝ることのない財産を大切にしていくことが課題であることは明白であった。そして、レジリエンスと言う言葉が、世界でトレンドになりつつあることと共に、京都のまちづくりの将来を考える上でも非常に便利で的確な言葉であることが確信できた。

さて、レジリエンスについての理解が少し芽生えてきたところで筆者が疑問に感じたのが、「レジリエンス」と「持続可能性」との関係性であった。これも、当時シンガポールのオフィスで京都市の担当であったホン・ダム・リン氏が、両者の違いを図示して明瞭に説明してくれたことが、オリエンテーションの中で大きな収穫であった。

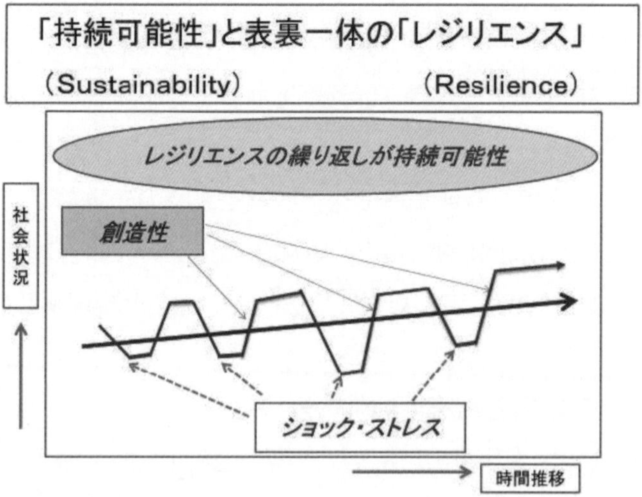

2-4 海外での交流

また、6月にはフィンランドのタンペレで開催されたOECD（経済協力開発機構）によるレジリエンス構築に向けたラウンド・テーブルにCROとして参加した。

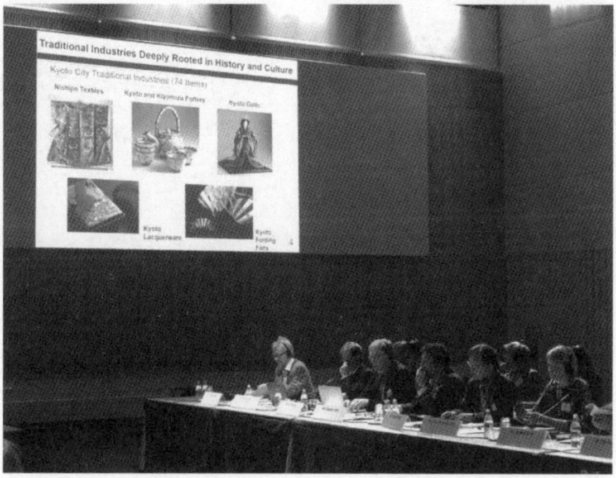

＜2017年6月、OECDラウンドテーブルでの京都市の取組紹介
（タンペレ・フィンランド）＞

さらに翌7月には、いよいよ世界100レジリエント・シティのCROが一堂に集うニューヨークでのアーバン・レジリエンス・サミットに参加した。まさに、レジリエンスをキーワードにした世界会議であるから当然ではあるが、レジリエンスに熱い思いを共有する各都市代表と交流を深める上で、非常に素晴らしい機会となった。

ニューヨークでのサミットに参加

個人的な話だが、この時のニューヨークが、実は、筆者にとって初めてのアメリカ合衆国であった。率直なところ、治安が悪く、街なかもゴミなどが多いイメージがあったのだが、ずいぶん改善されており、事前の予想はかなり誤解に基づくものだったことが判った。

<アーバンサミット会場>

<世界のCROの紹介スライド>

それ以上に、各都市CROの意識の高さやレジリエント・シティのスタッフの熱心さに感心した。その中に、英語での会話が殆ど成立しない田舎者が突然、放り込まれたのだから、率直なところカルチャーショックは大きかったが、レジリエンスをキーワードとして、幅広い情報や挑戦について得るところの多いサミットだった。

印象的だったのは、開会式に来賓として出席した、ニューヨーク市のデ・ブラシオ市長が、折しも、トランプ大統領（当時）によるパリ協定離脱表明を受けて、「トランプが何を言おうと、ニューヨークはパリ協定を進める！」と力強く述べて、会場の拍手喝采を受けていたことであった。

＜デ・ブラシオNY市長の挨拶＞

＜ニューヨークでの
フェアエルパーティー＞

　レジリエント・シティには、アメリカの都市が多いのだが、同じアメリカでも、フロリダ半島のマイアミやハワイのホノルルなどは、ハリケーンや海面上昇など気候変動や地球温暖化への関心が非常に高かったし、ピッツバーグやシカゴなど、かつて自動車産業で栄えた都市が、不況の中で、都市の再建に向け、レジリエンスをキーワードに取り組んでいた。

　また、格差の問題が都市の課題として取り上げられる事例も多く、同じ都市でありながら、高層高級マンションの隣にスラムが広がる写真が幾度となく登場していた。いずれにせよ、他都市の多くのCROとの交流は大きな財産である。

メキシコシティ、シンガポール、ロッテルダムでも交流

2018年9月には、メキシコシティで開催された地震サミットにも招かれ、パネラーをさせていただいたが、建築基準法のような規制が事実上、殆ど機能していない状況の中で、自然災害に対するレジリエンスをいかに構築するか、非常に難しいことも実感した。

<メキシコでの地震サミットでの発表（中央が筆者）2018>

また、レジリエント・シティネットワークのアジア太平洋地域の本部であるシンガポールのオフィスとは、オンラインでのミーティングを含め、CROとしての交流会に参加するとともに、シンガポールオフィスから、度々京都に戦略策定に向けた協議に入洛されるなど、熱心なサポートが行われた。

<シンガポールでのCRO報告会（2018）>

世界規模のサミットは、2019年７月にもオランダのロッテルダムで開催された。２年前とは異なり、わが京都を含め、多くの都市でレジリエンス戦略を完成させていたこともあり、ある意味ではレジリエント・シティのネットワークとしての集大成を感じさせるサミットであった。

< ロッテルダムでのサミット（2019）>

（CROコラム２）

「防災・減災と自然との関わり」

災害への備えにおいて一般に用いられる言葉は「防災」ですが、自然災害に限って言えば、発生そのものを防ぐことは、人間が自然の支配者でない限り不可能です。

その意味では、自然災害に対しては、災害への「防災」より、災害が起こっても被害を少なくする「減災」と言う表現の方が理解しやすいかもしれません。

レジリエンスの根底には、筆者は、自然への畏敬と感謝、そして自然を傷付けない配慮があるように感じています。

第3章

レジリエンス概念の拡がり

はねず踊り　随心院（3月）

3-1 生態学から広がったレジリエンス

レジリエンスと言う概念は、もともと使われていた物質の回復力、弾力性と言った意味以外に、生態学、エコロジーにおいて、先に触れたC.S.ホリングの論文を皮切りに、1970年代半ばから使われたようだが、ここでの特徴は、生態学における回復力を様々な指数を用いながら分析し、様々な事象が、単に自然界にとどまらず、広範な分野における変化と密接に関わり影響を与え合いながら、変化し回復していく状況をレジリエンスという用語で説明したところであった。

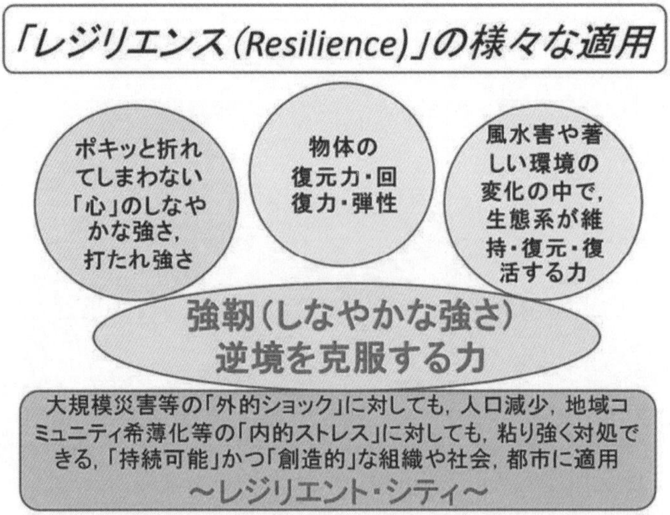
「レジリエンス（Resilience）」の様々な適用
ポキッと折れてしまわない「心」のしなやかな強さ，打たれ強さ
物体の復元力・回復力・弾性
風水害や著しい環境の変化の中で，生態系が維持・復元・復活する力
強靭（しなやかな強さ）逆境を克服する力
大規模災害等の「外的ショック」に対しても，人口減少，地域コミュニティ希薄化等の「内的ストレス」に対しても，粘り強く対処できる，「持続可能」かつ「創造的」な組織や社会，都市に適用
～レジリエント・シティ～

例えば、珊瑚礁が海水の温度が上がり枯れてしまった場合、単に海水の温度に対する反応だけではなく、生態系全体の要素、例えばウニや藻の存在との関係など考慮する必要があること、海水の温度が高くても繁

茂できる珊瑚礁が生育し、復活する可能性があることなど、生態系で生じている現象の全体像を正確に把握することは至難の業であるし、もとの珊瑚礁と復活した珊瑚礁が別の種類であってもレジリエンスと言えるのか、難しい部分であるが、それらもレジリエンスなのである。

あるいは、山火事で植物も生物も途絶えたと思えた後に、新たな木の芽が息吹き、生物も戻り、山全体が蘇る場合も、その山が周囲の緑地と続いているか、寸断されて孤立した状態であるか、土壌がどのような質であったかなど、副次的な要素はたくさんある。同時に、これらの例においても、元の状態と復元後の状態とで、そもそも生育している動植物の種が異なっていたり、進化した状態であったりする場合も考えられるのである。

必ずしも元通りに戻ることを意味しないレジリエンス

つまり、レジリエンスの概念を考える際には、必ずしも元通りに復元している訳ではなく、新たな種が出現したり、何らかの形で進化を遂げたりして、元とは異なる状態、あるいは元よりも上回る状態になっていることが往々にして特徴になっていると言えよう。

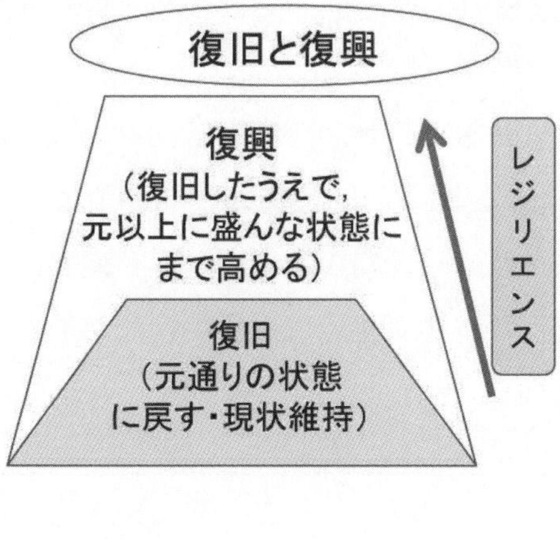

一方、後にも改めて触れるとおり、生物多様性との関わりにもなってくるが、人間が何らかの形で手を加えて自然の状態を保全することは、必ずしも自然のレジリエンスと合致しない可能性があると言う警鐘にもなるだろう。

これは非常に難しい課題なのだが、絶滅を防ごうとする「善意」であったとしても、人間が関わることで、結果的に自然のメカニズムを破壊してしまうことも起こり得る。

以前、京都市教育委員会で勤務していた頃、葵祭のシンボルとして用いられる「双葉葵(ふたばあおい)」が、自然蘇生している山間部で獣害のため生育しにくくなっているという話を聞き、近隣の学校で子どもたちによる一鉢運動のような形で育てる取組を始めたことがある。現在も、いくつかの学校で継続して取り組まれているように聞いているが、その際に、ひと言に「双葉葵」と言っても、生態学上、同一種かどうか、しっかり調べておかないと、むやみに増殖し、純粋種を絶滅させてしまうことになり兼ねないと、当時、京都市教育委員をされていた総合地球環境学研究所の秋道智彌先生から注意されたことを覚えている。

ブラックバスのような明らかな外来種ではなくても、オオサンショウウオのように、中国種と殆ど区別ができず、交雑が進んで純粋な日本原産のオオサンショウウオは絶滅に近づいているものもある。おそらく、最初はそれほど悪意もなく、誰かが持ち込んで、同じオオサンショウウオが生息している川だということで放したのだろう。

ガラパゴス島のように、人間が、一切、足を踏み入れることがなければ種の保存や、独自の進化が達成される場合もあるが、まさに奇跡的な状況と言える。

そもそもコロンブスのアメリカ大陸到達や十字軍の遠征、チンギスハーンの勢力拡大まで遡らなくても、近世の歴史を振り返るだけで、ヨーロッパ諸国のアジアやアフリカの植民地化や急激な開発などを通じて、人類が様々な生物を絶滅させ、あるいは移動させた結果、外来種によって固有種が絶滅の危機に瀕している例はあまりにも多い。

かくいう人類も、近年の研究において、ホモ・サピエンスとネアンデルタール人との交雑があったことが立証されたようである。

話が、少しそれてしまったが、生態学においては、自然が何かの形で打撃を受けても、多くの場合、自然本来が備えているレジリエンスが機能し、打撃を受けたままの状態で推移することは決して多くない。

隕石の衝突が原因と考えられる恐竜の絶滅後に、ほ乳類が生き延び、繁栄していったことも、地球全体を「生命の惑星」として捉えた場合には、大きな流れではレジリエンスだったと言えそうである。

くどいようだが、人間が仮に良かれと思って手出しした場合でも、結果的には、人間以外の生物にとっては望ましくない環境になっている可能性を自覚しておく方が良いだろう。

3-2 人間の心や身体におけるレジリエンス

レジリエンスと言う用語の使用において外してはならない分野は心理学である。人の心がポキッと折れない耐性、あるいは折れてしまっても復活する力、さらに人の心だけでなく集団や組織の在り方全体についても、組織を構成する個々の問題についてもレジリエンスの概念が用いられている。

心理学において以前からレジリエンスと言う専門用語が使われているとは言え、頻出するようになるのは、1990年代あたりからのようである。

専門用語としては多くの研究もあり、ここでは詳しく述べる余裕はないが、身近な例としては、いじめを受けて学校に行きたくないと落ち込んだ子どもが、頑張って登校しようとする場面、お稽古事についていけなくなり、やめようと思ったけれど、もう一度チャレンジしようと頑張る姿、さらに組織や集団で目標に向かう意思統一ができないまま、団結が崩れそうになったとき、共通の目標が登場し、集団の信頼や協力関係が復活する様子などがレジリエンスの姿として例えられそうである。

この場合も、エコロジーと同様、落ち込む前に比べて、立ち直った後では成長発達した姿が窺える。まさに人間の発達そのものが、レジリエンスと密接に関係していると言えそうである。

「自己治癒力」とレジリエンス

また、人間の身体においてもレジリエンスが体感できる場面については、先にも触れたように、医学における「自己治癒力」という言葉に近い意味で、レジリエンスの理念が用いられるようである。つまり、人間には本来、もって生まれた回復力があり、そうした回復力を備えた遺伝子が引き継がれて人類の繁栄に繋がっていると言える。その回復力は決して、身体にだけ備わっているわけではなく、精神面においても存在している筈であり、いわば「心のレジリエンス」として説明できる復元力なのである。

その点をもう少し掘り下げてみよう。そもそも人間の回復力は、どこかしら自然界のそれに似ている。

実は、似ていて当然なのである。つまり、人間も自然の中の存在であり、レジリエンスという自己治癒力は、生来的に持って生まれている筈だからである。人間が本来、備えている筈のレジリエンスが、人間存在、あるいは人間社会全体が、本来の自然から乖離してしまったが故に、失われてしまいつつある点は、実は人類の危機そのものを暗示していると考えては言い過ぎだろうか。

後に触れる自然と人間との関係において、人間が自分は自然の一部であるにも拘わらず、自然を支配しているかの錯覚をしていることが、災害への備えや地球環境の破壊など、様々な事象に関係しているとすれば、人間の身体で営まれるレジリエンスこそ、忘れてはならないのである。

ときには他者に頼ることもレジリエンス

様々な試練に対し、耐え忍ぶ姿には、大きく二つのタイプがあるが、いかなる困難にも正面から立ち向かい、折れることなく克服していくタイプが一つ目であり、こちらは一見、頑強そうであるが、限界を超えて折れてしまう時には、修復不可能な状態までダメージを深く受けている場合が少なくない。

二つ目は、しなやかで臨機応変に試練に対処し、部分的に折れる場面があっても、全体としては比較的容易に復活を遂げるタイプである。

レジリエンスは、どちらかと言うと後者のタイプであり、個別の課題解決が困難で乗り越えられない場合でも、余力を残して、あるいは別の方法を見出して再起を期すイメージに近いであろうか。

併せて、レジリエンスの理念に関わって興味深いのは、自分だけで対処できない課題について、他者に協力を求めることができる力や、嫌なことは割り切る力、努力すれば報われるという楽観主義、自己有用感なども、レジリエンスな状態を達成するために不可欠の要素として挙げられることである。

さて、試練を乗り越えた時、達成感や成就感と共に、前以上に成長できたと実感できる場面は、多くの人が経験しているのではないだろうか。そこに幸福を感じる人も少なくないであろう。

こうした視点は、教育や人間の発達を考える上でも、さらには幸福感について考える上でも、レジリエンスという理念が、重要な意味を持っていることを示している。

しかし、これまで述べてきた、レジリエンスとは何か、という課題と同時に、レジリエンスな状態を達成するためには、どのような環境を整備することが求められるのかが、寧ろ課題となってきていると言えよう。

因みに、ベネッセ教育情報サイトでは、レジリエンスに含まれる力や姿勢として、

・気持ちや感情をコントロールする力
・変化する状況に順応できる柔軟性
・自分は大切だという感覚
・必要な時に助けを求められる力
・自分を犠牲にしないこと
・楽観的であること
・嫌なことを割り切る力

といった項目が例示されている（出典：ベネッセ教育情報サイト）。

レジリエンスというと、自分の力で頑張って課題を乗り越えることをイメージしがちかも知れないが、自分一人ではどうしようもない場面で、他者に助けを求めることができる勇気、割り切りが必要だということだろうか。

残念ながら自死を選ぶ若者が、今も後を絶たない。少なくとも新型コロナ禍で亡くなった方の人数や交通事故による死者数とは比較にならないくらい多い。しかし、もし、自分は「死にたいくらい苦しい」ということを、周りの人間に、親でも友人でも教師でも、誰でも良いから打ち明けられていたら、少なくとも最悪の結果は免れたかも知れない。つまり、「必要な時に助けを求められる力」という意味でのレジリエンスが幾ばくかでも残っていれば、自ら命を絶つという最悪の選択肢は排除されていた筈なのである。

役所や学校だけで何でも済ませようとしない

このことを別の見地から考えると、行政（役所）が、市民や企業、大学の力を借りようとせず、何でも自分（役所）だけでことを済まそうとする姿勢は、レジリエンスと真逆の態度と言えそうであるし、学校が子どもの問題行動に対して、保護者や地域の支援を得ようとせず、学校だけで解決しようとする姿も、それに似ていないだろうか。

このように、レジリエンスは表向きの印象とはいささか異なり、他者と協力する、あるいは他者に遠慮なくお願いできるという姿も含んでいる。

もちろん、いざという時に助けを求めるためには、コミュニケーション能力も必要であろうし、普段からの信頼関係も不可欠であろう。結果としての助けを求める行為だけでなく、そのための条件も含んでいるとすれば、なおさら幅広い概念だといえそうである。

また、楽観的であることが挙げられているが、これは、努力もせず、根拠なく楽観的な見通しをもつという意味では決してなく、最善を尽くした後には何らかの成果が現れる、といった意味での楽観的な態度である。

以前、「立ち向かう楽観主義」という言葉が、京都市の行政現場でよく使われた。

いかなる困難が立ちはだかっていようと、くじけず努力を続けて立ち向かっていけば、必ず道は拓ける」という意味での楽観主義であり、まさにレジリエンスの思想だったと言えそうである。

3-3 レジリエンスが育つ環境

教育や発達の分野では、レジリエンスの定義を特定する以上に、どのような環境や条件が整えば、レジリエンスを実現できるのか、レジリエンスを育む家庭に求められる条件、学校、地域の取組の在るべき姿などに関心が強い。

加えて、そうしたレジリエンスを培う上で、核となる資質はどのようなものか、例えば、自己有用感や自尊心、楽観志向などが果たす役割についても、実践的な考察が教育現場において進められつつある。

レジリエンスと言う言葉を直接使っているかどうかは別にして、子どもの発達や成長、あるいは様々な社会組織の在り方を問う際に、キーワードとなりつつあることは論を待たないであろう。

つまり、人間形成において、どのような環境を整えれば、レジリエンスのある人間が育つのか、子育てや教育における重要課題であることは間違いない。

今に生きる子育て四訓

さて、筆者の好きな格言に次のような言葉がある。

乳児は、しっかり肌を離すな。
幼児は肌を離せ、手を離すな。
少年は手を放せ、目を離すな。
青年は目を離せ、心を離すな。

青年になっても心を離さない関係を目指して、乳児期から、いかに関わるかを的確に表現した言葉ではないだろうか。実は、この言葉は、筆者が20年ほど前に、とある書道展で展示されていた作品に書かれていた文字なのであるが、出典は諸説あるものの正確にはよくわからない。しかし、親子の関わりを示す上で、とりわけ現代社会の親子関係への警鐘として重要な意味を持っているように感じる。

特に、携帯電話やスマートフォンが普及して以降、乳児期の親子の接触は急激に変化してきた。母乳を与えながら、メールをする母親、ベビーバギーを押しながら、歩きスマホをしている親を見るのは悲しいかな日常茶飯事になってしまった。

乳児は、母乳を与えてくれる親が、自分を見つめのぞき込んで微笑む姿を見て、微笑み返しをしたり、目を合わせることを学んだりすると言われるが、親子が見つめ合う機会がスマホによって奪われている今日の親子関係は、子育て環境の出発点として、まさに深刻な事態となっていると言わざるを得ない。

話が少し逸れてしまったが、果たしてこのような親子の愛着関係で、レジリエンスのある人間が育つのだろうか。

とりわけ乳幼児期の成育環境において、何が決め手になるのか、母子関係の安定をはじめ幼児期に特別な影響を及ぼす環境をどのように確保するのか、心のレジリエンス形成における懸案と言えよう。

少なくとも物質的な豊かさや便利さが、過度に与えられることは、子どもの成育上、決してプラスにならないことは、現代社会が共通認識にしなければならない最大の教訓である。

3-4 社会のレジリエンスとは何か

以上のような幅広い理念であるレジリエンスを、社会の在り方、都市の存在に当てはめたものが､「レジリエント・シティ」である。

レジリエンスの理念が人間の身体において、しばしば適用されることを考えれば、レジリエント・シティやレジリエンスのある社会は、都市や社会をレジリエンスに関わって擬人化した表現と言うこともできる。

即ち、復元力や適応力を備え、創造的に、そしてしなやかな持続発展を遂げる都市、危機に瀕してダメージを受けても、以前の状態以上に復元するエネルギーを内包した都市、それがレジリエント・シティという理念なのである。

そこに、先に紹介したように世界規模での危機、即ち「著しい都市化」、「グローバル化」、「急激な気候変動」などが、かつてない形で進行するもとで、地球環境を持続することを目指すネットワークを構築するため、ロックフェラー財団によって、2013年に新たなプロジェクトが開始され、世界からレジリエント・シティとして100都市が募集されたのであった。

2013年はレジリエンス・イヤー

実は2013年という年は、レジリエンスが世界に発信される上で、重要な意味を持つ年であった。2011年3月11日の東日本大震災が、様々な意味で世界にもたらした影響は計り知れない。世界でも最も安全で自然災害への備えも万全であった筈の日本で、想定外の大きな被害がもたらされた。しかも、すぐに国際語となった津波（TSUNAMI）や原子力発電施設のメルトダウンなどによって、地震そのものの揺れ以上に、深刻な打撃を受けたのである。

同時に、それほどの悲惨な状況のもとで、パニックや暴動が起こらない日本人の国民性に対しても、驚き以上に称賛の声が聞かれたのも事実であるし、世界中から大きな支援の輪が広がったし、いち早く復興に向けて立ち上がる姿にも感嘆の声が上がった。そうした世界各地から訪れた人々にとって、被災地の復興に向けた合言葉として、「レジリエンス」以上に的確な言葉は見つからなかったのではなかろうか。

いみじくも2013年１月の世界経済フォーラム（通称ダボス会議）でのテーマは「レジリエント・ダイナミズム」であり、社会のレジリエンスの在り方が真正面から取り上げられたし、ロックフェラー財団の100RCが発足したのであった。我が国内でも「ナショナル・レジリエンス懇談会」

の設置と国土強靭化法の制定、さらにそれに続く国土強靭化計画（ナショナル・レジリンス・プラン）の策定へと繋がっていったのである。

＜ 2013 年の「ダボス会議」＞

＜国土強靭化ポスター写真＞

9月には、経団連（一般社団法人　日本経済団体連合会）も、国の対応を受けて、「地域基盤の強化に関する基本的考え方ーレジリエントな社会の確立を求めるー」という方針を掲げているが、まさにそこで重視されているのは、政府の「経済財政運営と改革の基本方針」いわゆる骨太方針におけるナショナル・レジリエンスへの取組への評価であった。

さて、話をレジリエント・シティに戻すと、今、まさに危機に瀕している地球環境を救うためには、年々肥大化し、人口流入が進む都市の文化を変えていくことが不可欠である。

面積との比較で考えると、地球上のごく限られた都市部に、多くの人口がひしめいて、その都市の環境が、温暖化をはじめ地球全体の環境に著しい影響を及ぼしていることは言うまでもない。

その都市の在り方を改めていくことが、地球環境全体の改善に最も効果的であり不可欠であるというのが、世界100レジリエント・シティの根幹をなす考え方である。

3-5 想定外の事態とレジリエンス

一方、利便性や経済性に富む都市文明であるが、食糧やエネルギーだけを例にとっても自給自足とは対極にある都市は、いざ危機に直面して他者からの物資の調達を得られなくなると、たちまち脆弱性を露呈する。また、人的被害に関しては、都市部で何かが起こった時には、人口が集中しているが故に、極めて規模の大きな深刻な影響を及ぼすことは必定である。

その意味では、これまでに経験したことがないほどの人口が都市に集中している今日では、都市のレジリエンスこそ、地球環境全体を救うカギとなると言えよう。

まだ記憶に新しいが、2018年は6月に大阪府北部を震源地とする地震、7月の豪雨と北海道での地震、さらに記録的猛暑から8月の台風21号の暴風を経験した。そのうち、北海道での地震では、北海道全域が長時間にわたって停電し、ブラックアウトという聴き慣れない言葉まで登場したが、大きな地震であったとは言え、広大な北海道が一斉に停電し、復旧するために、これほど長い時間がかかるとは、誰が予想したであろうか。しかも札幌を含め、都市部においても何ら対処する術がなかったわけであるが、人口が集中しているだけに、影響は都市部においても深刻であった。

もし、この規模の地震が首都圏で発生していたら、６月の大阪府での地震の規模であったとしても、影響の甚大さは計り知れなかったであろう。まさしく首都機能どころか、国家機能そのものが停滞することも十分にあり得るに違いない。北海道では停電によって、牧畜を含め、様々な産業にも大きな被害が及んだが、土砂崩落による道路網の寸断を含む交通網の遮断は、緊急車両の通行も一気に不可能にしてしまった。既に３年前の出来事だが、記憶から薄れつつあるだけで、現実の対応が進んでいる訳ではないのである。

例えとしていささか飛躍するかも知れないが、仮に、この機にとばかりに他国からのミサイル飛来や侵攻があった場合に、我が国は果たして国家としての体をなし得たのであろうか。少なくとも、多くの地域で孤立無援と言える状態が出現することは否定できないであろう。

電力依存からの脱却とレジリエンス

なお、停電に関しては、2019年の台風15号における強風に伴う停電が記憶に新しいが、京都では、2018年の８月の台風21号による被害がしっかりと記録されるべきである。特に北部山間地域では、強風による山林の倒木等のため、電線の切断に加えて携帯電話の基地も破損し、電気も電話も通じない状態が数日間続いた。その結果、緊急電話も出来ない状況が起こったのである。例えば左京区の鞍馬地区では、左京消防署鞍馬出張所の衛星電話が唯一の通信機器となり、住民は万一の際は、とにかく消防出張所まで辿り付いて緊急連絡をする以外、方法がないという事態に陥っていたのである。

この地域と市内中心部をつなぐ叡山電鉄鞍馬線も10月末まで、市原・

鞍馬間が不通となり、10月22日が開催日であった京都の三大火祭の一つである鞍馬の火祭も、山林の倒木のため、ごく一部の神事を除いて中止された。なお、この区間は、2020年の豪雨によって、放置されていた倒木が流出したことなどにより再び不通となる状態が発生している。（2021年9月18日再開）

電力会社の対応への疑問

昨今、家電製品を中心に電力依存がとどまらないもとで、長期にわたる停電状態は、異常気象での猛暑などに直面すれば、冷房も冷蔵庫も使えない中、どれほどの人が熱中症で体調を崩したか想像に難くなく、人的被害もさらに続出したおそれがある。

しかも、今回の停電に関しては、電力会社の対応のまずさが際立った。復旧への方策が、あまりにも曖昧で時間を要し過ぎたことは各種報道で指摘されていた通りである。京都においても、区役所や市の防災危機管理室などに市民からの問い合わせや苦情があったが、どの地域が停電しているかということさえ、肝心の電力会社は殆ど把握できておらず、当然、復旧策も手の打ちようがない状態であった。また、停電している地域があれほど、広範囲に及んでいた訳だから、少なくとも電源車や自家発電装置を該当地域に配備することだけでも即座にすべきであったが、それも行政から要請して初めて対応されるという状態であった。

電力会社の従業員をはじめ多くの方が尽力されていたことは否定しないが、企業体として、自然災害への対応が、あまりにも不十分であったとの誹りは免れないであろう。

話の勢いで余談を述べてしまうが、電力会社は原子力発電も所有しており、我々は原発の安全性や企業としての安全確保に向けた努力は、耳にタコができるほど聴いてきた筈である。となると、原発の安全性を滔々と述べられる電力会社と、いかに大型であったとはいえ、あの台風21号レベルの自然の猛威の前に、対応が後手後手に回り、どの地域が停電しているか、あるいは停電している原因さえ把握できていない電力会社が同じ企業なのかと疑いたくなる。この点については、エネルギー問題とレジリエンスとの関係で後述したい。

「備えよ、常に！」こそレジリエンス

この間も、日本各地での地震の増加が報じられ南海トラフ地震以外にも遠くない将来に首都直下型地震や富士山の噴火の可能性も指摘されている。東日本大震災でも津波や福島原発事故について、「想定外」という言葉が頻繁に使われたが、レジリエンスについて考える上では、想定外の事態への対処が最も重要なことがらなのである。

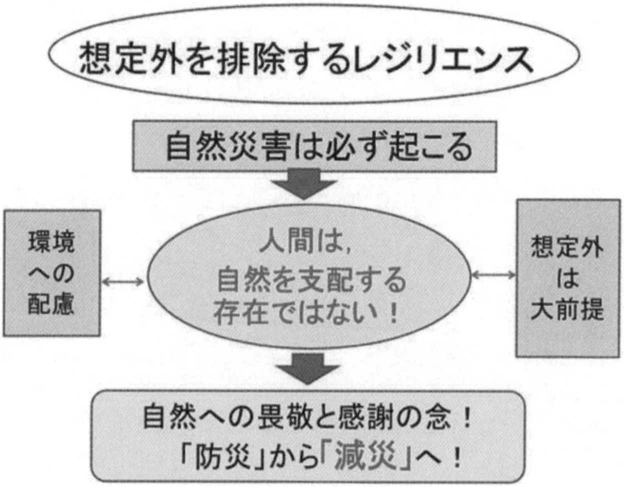

この想定外への対処という言葉は、どのような想定外の事柄にも対処できるよう、例えば堤防を高くしたり、建物を頑丈にすることだけを意味するわけではない。もちろん、こうしたハード面での対応は、もちろん不可欠であるが、とりわけ自然災害に関して言えば、自然の現象は、いかに科学的知見が発達してきたとは言え、私たちの想像をはるかに超えたところで発生する。

南海トラフ地震自体は確実に起こると予測されているが、厳密にどの場所でいつ起こるかは、極めて不明確なのである。

むしろ大切なことは、想定外のことは常に起こりうるという覚悟であり、ボーイスカウト、ガールスカウトで言われる「備えよ！常に！」という考え方であろう。繰り返しになるが、自然界の出来事については、人間が自然を支配している訳ではない限り、我々に想定できることは限界がある。では、想定できなかった事象が起こった時はどうするのか。まさにその際に重要な組織や社会に求められる資質や性格こそレジリエンスなのである。

＜京都市岡崎公園に設置されている「そなえよ　つねに」石碑＞

近年、企業では業務継続計画（BCP）があるのは当然になっているし、行政でも様々なリスクに対処するための防災計画など準備はされている。基本的には様々な場面は想定されているが、基本的には経験則に基づく範囲とならざるを得ず、現実のでき事に直面した場合には、様々な要件を満たして刻々と変化する事態に対応しなければなるまい。まさにそうした潜在的なエネルギーがレジリエンスなのであり、想定外の事態を覚悟できる度量と言い換えることもできそうである。

（注）「BCP」とは、「Business Continuity Plan」の頭文字を取った略語で、災害時等の緊急対応マニュアルとして用いられる。

3-6 都市のレジリエンスに求められるもの

さて、こうした都市の脆弱性を克服するため、必要な要素として、レジリエント・シティのネットワーク等の基本的理念では概ね以下の７つが挙げられている。(表記での名詞と形容詞の混在は御容赦いただきたい)

即ち、頑強さ（Robust）を前提として、これまでの経験をもとに省察して（Reflective）凌ぐ力や、余剰性 (Redundant) を有すること、臨機応変な (Flexible) 対応、日ごろからの問題解決力 (Resourceful) と、あらゆるソーシャルキャピタルとの統合 (Integrated) やステークホルダー等との協働 (Inclusive) である。

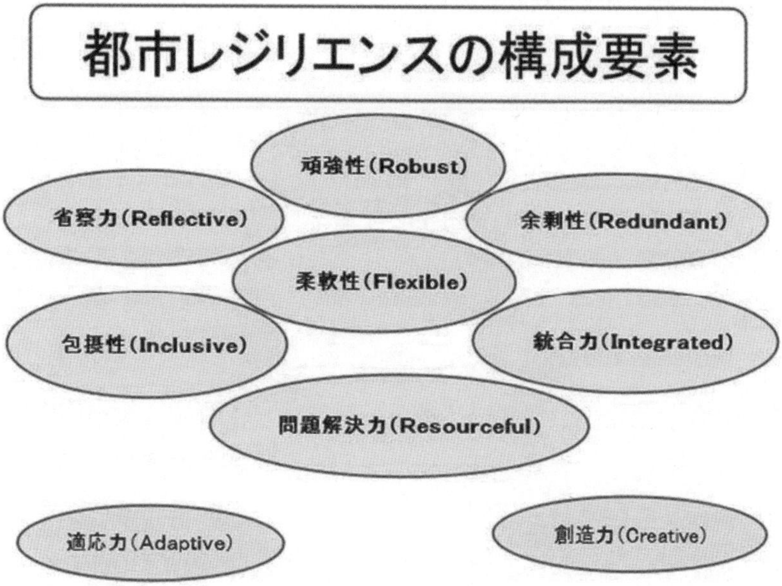

<100RC の定義に筆者が加筆 >

頑強さについては、必ずしも物理的な要素だけを指しているわけではないが、インフラ整備や社会保障、議会制度などを含め、安定した都市機能が必要であるという意味で、大前提となる要素であろう。したがって、ある程度、予測可能な、あるいは対応可能な頻繁に到来する危機に対しては、この頑強さによって凌ぐことが必要である。

その際、過去にどのような危機が訪れたのか、またその際の対応にどのような反省すべき点があるのか、といった省察力が必要であるし、その反省に立って、何をどう改め、状況の変化に適応するのか（Adaptive）も重要である。

効率の悪さもレジリエンス

しかし、同時に、その対応は、決してピンと張った糸のような緊張感ではなく、常に余剰や代替措置が可能であるような「ゆとり」が求められる。やや極論ではあるが、レジリエンスのある対応とは、その意味では、必ずしも効率的であるとは限らないのである。無駄とまで言わないにしても、まさにお風呂の蓋のような存在に思える場合もあるのかも知れない。いつ、起こるかも判らない災害に常日頃から備えるなどということは、効率性だけを追い求める取組からは批判されるかも知れない。

この余剰性と若干、似ているかもしれないが、柔軟で臨機応変なシステムを有することは、まさにレジリエンスの重要な要素である。いくら豊かな物資や予算を持っていても、状況に応じて適材適所に活用できなければ意味がないし、危機対応のマニュアルを作成していても、実際に活用できるだけの柔軟な対応が不可欠である。それと同様に、いざという時に、どのくらい多くの引き出しを持っているか、様々な物的資源や人材、組織のネットワークといった要素が大きく物を言うであろう。

そのためには、あらゆる社会資本を融合して活用できることや、まさに誰一人取り残さない包摂力あるシステムを備えていることが重要なのである。

加えて不可欠な創造性

筆者は、ここに、それでも何かが欠如している時には、新たに生み出していく創造性（Creative）を加えるべきだと考えるが、一般的には、こうした要素が複合的にからみ合った、総合力が都市のレジリエンスとして認識されている。

大阪市立大学名誉教授の佐々木雅幸先生などが中心となって「創造都市ネットワーク」が提唱されているが、落ち込んでも復活する際には、前例にとらわれず、新たなチャレンジを行うことが求められるという意味で、レジリエンスの構築と創造性は非常に親和性が高いと言えよう。

どこかでつながっていることの大切さ

ここで重要なことは、個々の要素が相互に関連し、全体として機能することである。繰り返しになるが、頑強性は、最小限のハード整備を行う意味でレジリエンスの大前提であるが、決して絶対的なものではなく、都市を構成する個々の住民や地域コミュニティ、さらには企業や組織が果たす役割といった他の要素との関係において、必要度が変わってくることに留意する必要がある。また近年の気候変動に伴う異常気象によって、求められる頑強性が高まったり、状況が変化していることにも留意する必要があろう。

また先に紹介した要素は、一旦、確立されたからと言って、永続するものでは決してない。ハード面の老朽化はもとより、ソフト面においても、機能を持続させていくために、創意工夫を凝らし、弛まぬ工夫や担い手育成、或いは技術革新が不可欠なのである。

都市への人口集中とレジリエンス

さて、都市の脆弱性における特徴は、人口が集中しているが故に、ひと度、ことが起こると影響が大きくなることである。

電力や食糧の自給率に加えて先にふれた交通手段に関しても、災害時における安全性を優先した計画運休自体は、近年災害への備えとして必定のものとなりつつあるが、実際に運休されると、たちまち帰宅難民を生み出し市民生活を直撃するなど、現代都市文明は、実は全く根拠のない楽観論のもとに、安全神話に縋り付いている状況だと言えよう。

＜2018年7月豪雨における鉄道の計画運休＞

同時に、我が国の都市文明がエネルギーや食糧だけを例にとっても、自給自足と対極にあることは、そこに生活する人間が、自然の営みから乖離していることをも意味している。

自然と共生して、否、自然の一部として存在してきた人類が、都市に代表される豊かな自然がコンクリートに塗り固められた物質文明のもとで、自然を支配下においたかのような錯覚をしてしまった延長線上に、異常気象や自然災害をはじめとする今日的な地球環境の問題が発生している。

しかも、先に述べたように、その都市への移住がとめどなく進み、地球全体に及ぼす影響は益々悪化しているのである。

第4章

京都市の都市特性

吉野太夫花供養　常照寺（4月）

4-1 世界有数の歴史都市

千年の都として、長い歴史の中で日本の首都としての地位を守ってきた京都は、世界的に見ても稀有な都市であると言われる。

京都の都市特性という点では、８世紀末に都となって以降、基本的に一度も、途絶することなく発展を続けた歴史都市であり、太平洋戦争においても、結果として大規模な空襲を免れたため、社寺など多くの歴史的建造物が破壊を免れたことであろう。また、多くの宗教寺院も総本山として残っており宗教都市として繁栄を継続することができた。

しかし、危機は数知れないほど体験してきた。文化の中心であっただけに、古文書などでの記録も豊富で、西暦９世紀の貞観の大地震をはじめ、幾度となく繰り返された地震、風雨、大火、戦乱、疫病など枚挙に暇がない。

明治維新での戦乱や京都の人が「先の戦（いくさ）」と呼ぶ応仁の乱など、市内の広範囲が焼野原になることは幾度も繰り返されたのである。

不死鳥のごとく再生を繰り返してきた京都

しかし、常に京都は不死鳥のごとく甦ってきた。特に直近の危機として、明治維新に触れない訳に行かないが、天皇が明確な遷都宣言もしないまま東京に移り、多くの宮廷人も移動してしまったため、京都の人口は当時の30数万人が20万人余りに激減したと言われている。

その中で、都であり続けたことに伴う朝廷文化、公家文化に由来する数々の伝統工芸が維持されることとなった。そうした京都には老舗と呼ばれるお店が少なくないが、創業数百年にのぼる例も決して珍しくない。また、茶道、華道や能・狂言と密接に関わる伝統工芸も多く、今も京都の暮らしや文化を語るうえで、なくてはならない存在となっている。

ユネスコの世界文化遺産についても、市内中心部から概ね半径15キロメートル以内の近接地域で17寺社城を有している。特に二条城については、所有・管理を含めて、京都市に責任を委ねられており、保存と活用の両立に向け思い切った挑戦を続けている。

同時にものづくりのまちとしても、常に我が国の中心地であり続けたわけだが、そうした伝統技術を駆使した企業の中から、先端産業を代表する任天堂や京セラ、島津製作所など我が国を代表する企業が登場し、

今も京都を拠点として発展している。

それ以外にも、加えて、大学のまち、山紫水明と生物多様性のまち、そして「町衆」の伝統を受けついだ自治都市といった特性が挙げられるであろう。

4-2 政令指定都市としての役割

さて、その京都市の都市特性として、いささか堅苦しい説明から始めると、政令指定都市という点である。都道府県と基本的に同等の権限を有しつつ、直接行政を掌る自治体として、古くは旧5大市から、現在は20都市に増えている。人口は政令では50万人以上となっているが、概ね100万人を上回る都市が名前を連ねている。政令指定都市には、区が設けられ、区長が任命されている。東京都の特別区は、この区長も選挙で選ばれるが、政令指定都市では、行政職員の一人として市長が任命する。

筆者も、京都市在職中は、右京区という、嵯峨嵐山、太秦などの観光地、京北地域などの山間部、西院などの商業地を有し、人口20万人を超えて、中核都市並の規模（京都府では京都市に次いで人口の多いのは宇治市であるが、その宇治市よりも人口が多い）を有しており、面積も大阪市より大きい行政区の区長を務めさせていただいた。身近な行政手続きで京都市民が京都市役所に行く機会は決して多くないだろうが、区役所は頻繁に訪れる役所であり、市政の最前線である。

辛うじて存続できた大阪市

大阪では、この政令指定都市を廃止する動きがあるが、二度の住民投票で幸い否決された。あくまでも個人的な見解ではあるが、政令指定都市は、直接行政という住民生活に密着した施策を広域的に進める意味で、我が国の都市政策において重要な役割を果たしている。

もちろん、大都市特有の様々な課題が残されているのも事実である。指定都市については、とりわけ道府県との関係において、解決すべき課題が多いが、都市そのものを廃止するという選択では、全く解決にならないと考えている。「二重行政の打破」という標語も見られたが、府県と市町村の二重行政は、指定都市であろうと、一般の市町村であろうと存在していることから、指定都市の廃止で解決できるような問題ではない。

別の考え方をすると、道府県では、一般の市町村への指揮監督を軸に行政が進められており、政令指定都市との関係は、支配下に置かれるべき市に同等の権限が付与されてやりにくいという意識が働いてしまうのかも知れない。

市民からも、その辺りの制度が正しく理解されているとは言いがたいが、結論から言えば、市民生活に関わる殆どの行政施策は京都市が担当している。例えば、京都市内に走る府道が数多く存在するが、名前は府道であっても、所管しているのは京都市なのである。いわゆる一桁国道、つまり国道１号線、９号線などは、原則として国が直轄管理しているが、それ以外の公道は、基本的に全て京都市が所管していることになる。河川については、もう少し複雑で、一級河川と呼ばれる河川は、国または府が所管するが、それ以外の河川は、農業用水や上下水道、生活河川も京都市が所管している。

そうしたもとで、京都では、京都動物愛護センターの開設、消防学校での消防団員の合同研修、衛生環境研究所の府施設との同居など、京都市と京都府が緊密に連携して取り組んでいる施策も増えてきており、府立体育館と市立体育館の併存など市民生活において、決して二重行政ではなく、いわば二重サービスという形で歓迎されてしかるべきであろう。

＜京都市消防学校・京都府立消防学校合同研修＞

4-3　教育と次世代育成を大切にするまち

明治維新によって、天皇が東京に移った明治２年には、当時の京都市域、即ち、今日の市内中心部に、町衆と呼ばれる住民が中心になって、土地を提供し、校舎の建設経費を捻出し、運営経費も出し合って、「番組小学校」と言われる今日の小学校を64カ所で開設した。「明治の京都策」と呼ばれる様々な施策のうちの代表的な事例である。

国の学制発布（明治５年）に先立って学校を設立した例は、全国的にも各地で見られるが、都市の危機に瀕して、いち早く、まず学校教育の機関を市内一円に創設したことは、当時の京都の町衆と言われる市民層の経済力もさることながら、新しい時代に適用し、担い手となることができる次世代を育成しようとする文化が内在的に蓄積されていたことの証であろう。

番組小学校・・・京都における人づくりの伝統

- 明治2年に市内中心部に，64の小学校を建設（福沢諭吉「京都学校記」）
- 地域コミュニティの基礎単位として成立・・・「学区」単位での地域組織が発足（自治会，社会福祉協議会，体育振興会，消防団，自主防災会，保健協議会，少年補導委員会など）
- 市内中心部だけでなく，周辺のニュータウンも含め全市に展開
- 全行政区で基礎単位として重要な役割

特筆すべきことは、これらの番組小学校が、単に義務教育学校として、我が国の近代的公教育を学制発布に先立って行っただけでなく、同時に公民館、保健所、税務署、消防署など地域社会の拠点としての様々な機能を併せ持つ施設だったことである。

学区コミュニティと番組小学校

実は、こうした学校の機能が、今日の京都の地域コミュニティの特徴

を大きく決定づけている。小学校の通学区域を「学区」と呼ぶ京都ならではの「学区コミュニティ」の母体なのである。

学区コミュニティは今日も京都の地域コミュニティの核をなしており、それぞれの学区単位で社会体育、保健、福祉、防災など様々な住民自治の基本組織が存在している。

さて、京都の社会教育、生涯学習施策の最大の特徴の一つは、これほどの都市でありながら、他都市にあるような公民館行政が行われていないことである。京都市においては、地域コミュニティの拠点となる集会所施設が自主的に運営されていることに加えて、小学校の体育館や会議室が地域住民に広く開放され、事実上、公民館としての役割を果たしているがために、行政が主導する公民館事業がさほど展開されてないのである。

因みに学校は、社会体育における地域の拠点としても重要な役割を果たし、体育館や運動場が学校休業日や夜間にも地域のスポーツ活動のために活発に利用されている。そうした延長線上に、地域住民による「学区民運動会」が盛大に開催され、世代を超えた交流の場所となっているのである。

付け加えると、これは全国的には必ずしもそれほど特別ではないかも知れないが、京都市では、ほぼ全ての小学校（一部の中学校を含めて）が選挙の投票所や防災訓練の会場になっている。子どもが学び育つ学校という教育施設が、地域の全ての住民にとって、行きやすく通いなれた場所になっていることは、子どもを地域ぐるみで育む気運とも合致しているように感じられる。

なお、明治維新以後の京都の復興策としては、番組小学校の創設以外にも、琵琶湖疏水の開削、建都1100年を契機とする平安神宮と時代祭の創設など数々の事業が挙げられるが、これらの事業が、京都の近代化に果たした役割は計り知れない。例えば、琵琶湖疏水を利用した水力発電が京都市電の開業に繋がり、時代祭の実施が町衆文化を周辺部にも広げていったのである。

<琵琶湖疎水>

4-4　祭礼が生活に息づくまち

京都は祭礼都市である。京都三大祭と言われる「葵祭」、「祇園祭」、「時代祭」、三大火祭と言えば、「五山送り火」「鞍馬の火祭」「嵯峨清凉寺のお松明」であるが、多くの祭や宗教行事に事欠かない。それぞれの祭礼や行事に奉賛会や氏子の会、信者の会などが組織されて活発に活動している。

その中で、歴史は最も浅いが、今日の京都のまちづくりに大きな影響を与えたと考えられるのが時代祭である。

<時代祭の維新勤王隊>

時代祭については、少し解説が必要かも知れないが、平安建都1100年記念事業として、平安京が造営された当時の桓武天皇を祀って平安神宮が創建された際（1895年）に、神社の付属団体として全京都市民による崇敬団体として平安講社が設立された。この講社が、時代祭を実施する主体となっているのだが、当時は、平安第一社から第六社までの組織が市内中心部を対象エリアとして設けられていただけだった。

時代祭は、有名な維新勤王隊の笛と太鼓を伴う風俗行列から始まり、江戸時代、安土桃山時代、鎌倉時代、平安時代と時代をさかのぼるのだが、当時のそれぞれの著名人には、担当の講社の役員等が割り当てられ、扮することになっている。

余談になるが、先頭の維新勤王隊は、もともと右京区京北地域で明治維新において活躍した山国隊がモデルであり、時代祭が始まった当時は、実際に山国隊に所属して戦闘を経験した住民も隊列の参加していたそうである。しかし、京北地域から毎年、時代祭に参加することは困難になり、その後中京区の朱雀学区が受け継いだ形で現在担当している。

＜現在も続く山国隊の軍楽行進（京都市右京区京北）＞

拡大していった時代祭

実は、これらの隊列は歴史認識の変遷とともに少しずつ追加されている。特に、室町時代の南北朝時代については、戦前は、南朝正統説が適用されていたため、室町幕府の隊列は最近まで存在していなかった。

同時に、京都市域の拡大と共に平安講社の対象地域も拡大していったことは注目に値するであろう。

例えば、昭和６年に葛野郡一帯と伏見市が京都市に編入されて、それぞれ右京区、伏見区が誕生したわけであるが、これらの行政区の誕生と同時に、平安第九社、第十社が設立され、楠公上洛列、豊公参朝列という新たな行列が追加され、それぞれの講社が担当することになったのである。

因みに、室町幕府執政列については、西京区をエリアとする最も新しい第十一社が、第九社と持ち回りで担当している。

「社」の下部組織として、「組」があるが、実はこの「組」は、ほぼ「学区」と一致しており、時代祭の行列の多くは、担当している「社」の中で、「組」に当番制で持ち回りされている。組としては、隊列の当番は、10年から20年に一度回ってくるわけだが、地元としては相当大きな行事になっており、準備万端整えて、次回の当番に備えるのである。この組を取り仕切っている重鎮が、多くの場合、学区コミュニティの代表と重なっている。そうしたしきたりは、単に時代祭の運営だけでなく、区民運動会や自主防災会、社会福祉協議会、保健協議会、さらには日赤奉仕団や共同募金会などの活動としっかりリンクして市の周辺部にも広がっていったと言えそうである。

こうして、時代祭の隊列に参加する取組が、もともとは旧市内中心部に限定されていた番組小学校を基盤とする学区コミュニティの機能を、周辺部に拡充していく役割を担った。つまり、番組小学校が学区コミュニティの核として、学校教育以外に社会体育や保健、福祉、防災等の機能を生み出していた状況が、元々番組小学校の歴史を有さない周辺地域においても、自然な形で伝播していく上で、時代祭は重要な役割を担ったのではないだろうか。

もちろん、京都市における各行政区の独自の取組の中で、学区コミュニティが拡充していったことは当然の要素としてあるだろうが、時代祭という京都の歴史へのアイデンティティを共有する文化行事が大きな役割を果たしたのである。

4-5　世界文化自由都市

120都市以上が加入（令和３年７月現在）する「世界歴史都市連盟」では、発足以来、京都市が会長都市を務めるなど、京都は国際的な歴史都市としての役割も果たしている。

こうした背景にある京都の都市特性を語る上で、決して忘れてはならないものは、「世界文化自由都市宣言」であり、40年以上前の1978年に策定されたこの宣言が、今日も非常に強い説得力を放っている。

「世界文化自由都市宣言」

「都市は、理想を必要とする。その理想が世界の現状の正しい認識と自己の伝統の深い省察の上に立ち、市民がその実現に努力するならば、その都市は世界史に大きな役割を果たすであろう。われわれは、ここにわが京都を世界文化自由都市と宣言する。

世界文化自由都市とは、全世界のひとびとが、人種、宗教、社会体制の相違を超えて、平和のうちに、ここに自由につどい、自由な文化交流を行う都市をいうのである。

京都は、古い文化遺産と美しい自然景観を保持してきた千年の都であるが、今日においては、ただ過去の栄光のみを誇り、孤立して生きるべきではない。広く世界と文化的に交わることによって、優れた文化を創造し続ける永久に新しい文化都市でなければならない。われわれは、京都を世界文化交流の中心にすえるべきである。
もとより、理想の宣言はやさしく、その実行はむずかしい。
われわれ市民は、ここに高い理想に向かって進み出ることを静かに決意して、これを誓うものである。」

昭和53年（1978年）

人種、宗教、社会体制の相違を超えて、平和と自由を全面に打ち出して文化都市として世界の交流の拠点となることを宣言した意気込みは、京都が背負ってきた自負と誇り、そして矜持を、広く世界に発信し、次の世代に伝えようとしたように感じられる。

kokoka京都市国際交流会館の存在

現在も多文化共生の国際都市として、kokoka京都市国際交流会館を拠点とした様々な活動を展開するなど、外国籍や国外にルーツのある人々が、「京都で生活して良かった」と実感でき、世界文化自由都市宣言を実践できる市民活動を展開している。

＜kokoka 京都市国際交流会館＞

因みに、筆者はkokoka京都市国際交流会館の館長も務めさせていただいているが、運営している（公財）京都市国際交流協会の理事長は、裏千家の千玄室大宗匠である。

さらに京都は、我が国の人権運動の原点とも言うべき「水平社宣言」の発祥の地でもある。「人の世に熱あれ、人間（じんかん）に光あれ」と高らかに締めくくられる被差別部落の解放を訴える宣言は、今も岡崎の地から人権の大切さや差別の撤廃を訴えている。

しかし、40年経た今、世界文化自由都市宣言や水平社宣言を取り巻く情勢も変化していっている。もし、そこに、何かの理念を加えるとすれば、レジリエンスがまさにキーワードになるのではないだろうか。

<京都市岡崎公園の水平社宣言碑>

(CROコラム3)

「区民運動会と防災訓練」

各学区単位で盛大に開催される区民運動会。同じ町内で世代を越えてチームを作り、ルールを守って協力し合う素晴らしい行事ですが、目的は違っても、いざという時の備えとして意外と共通点が多いのは防災訓練ではないでしょうか。

これらの行事について、主催団体相互の連携を深め、種目や訓練の在り方について考えるのも、「レジリエンス」のきっかけになりそうです。

第 5 章

レジリエンス戦略の策定

三船祭　車折神社（5月）

5-1 京都市レジリエンス戦略への道筋

さて、京都市は、先に述べたロックフェラー財団提唱の世界100レジリエント・シティに応募して、その一員に選定され、独自の「レジリエンス戦略」を策定することとなった。

戦略の策定にあたっては、2017年4月に、市長を本部長、副市長を副本部長として、各局長・区長等を本部員とする「京都市レジリエンス戦略推進本部」を立ち上げ、筆者も戦略顧問として関わることとなった。

京都創生総合戦略・レジリエンス・SDGs推進
本部会議（H30. 7. 4）
＜京都市レジリエンス推進本部（H29. 4. 26発足）＞
第1回
「京都創生総合戦略・
レジリエンス・SDGs」
推進本部会議
市長を本部長に，
副市長，局区長会
メンバーで構成
（CROも戦略顧問と
して参画）

< 2020 年 4 月当時の執務室入口>

また、後述するSDGsや地方創生の取組との融合を進めるため、2018年度には、「京都創生総合戦略・レジリエンス・SDGs 推進本部会議」と組織を拡充した。それまで、レジリエンス戦略だけを中心に担当していた職員と、SDGsや地方創生を担当していた職員が相互乗り入れできるように改め、更に翌2019年度には、完全に所管を総合企画局に移し、

SDGs・レジリエンス戦略課長や同係長というポストも設置し、これらの課題を一体化して取り組むように改めることができた。

「レジリエント・シティ京都市民フォーラム」の開催

2018年の12月には、レジリエンスの理念を幅広い市民や地域のリーダーに浸透させ、関係団体との連携を深めることを目指して、産学公連携による次世代育成に向けた活動を展開している「京都教育懇話会」と共催で、「課題挑戦先進都市・京都、私たちが今できること～しなやかな未来社会を創る人づくり～」と題した「レジリエント・シティ京都市民フォーラム」を開催した。

フォーラムでは、鷲田清一・京都市立芸術大学学長（当時）の基調講演を受けて、堀場厚・株式会社堀場製作所代表取締役会長兼グループCEO（当時）、池坊専好・華道家元池坊次期家元、升光泰雄・京都市私立幼稚園協会会長（当時）、清水美香・京都大学学際融合教育研究推進センター特定准教授をパネラーに、筆者がコーディネーターを務めてパネルディスカッションを行った。

鷲田先生からは、「東北の被災地では、各家が様々なものを持ち寄って助け合っている。逆に、東京は、震災時にコンビニから水が消える等、依存型の都市であり『レジリエンス』とは程遠い。

『個人や家族』（近景）と『社会や国家』（遠景）の間にある『地域コミュニティ』（中景）がやせ細っている。『中景』を厚くしていくことが重要である。

災害等により、生活基盤が機能しなくなった時のために、普段から何が必要か考えることが『レジリエンス』である。」

と問題提起されたうえで、「レジリエント」なまちとなるための大事な３

つの観点として、

▶未来の視点で現在を見つめ、今できることをしっかりと行うこと。

▶普段から地域コミュニティ等の手入れ、手直しをする。常日頃から危機意識を持ち、経験者が次世代に語り継いでいくこと。

▶危機に陥っても、対応方法が多くある「オルタナティブ（選択肢）」が多いまちであるため、普段から危機に対して、様々な対処方法を考えておくこと。

を挙げていただいた。

＜鷲田清一先生による基調講演＞

京都教育懇話会会長も務める堀場厚氏からは、

▶企業はしなやかで強靭である必要があり、魅力的なことに取り組まないと人も集まらず成長しない。

▶採用した人材が仕事ができるようになるまで５年～10年かかる。それだけ時間をかけて毎年人を育てる必要があり、目先のことだけに投資している会社はダメになる。

▶独創的でユニークな人は、しなやかで強靭な人が多い。そういう人を育てる教育が重要である。

と言った視点が、

京都文化芸術都市創生審議会会長でもある池坊専好氏からは、

▶96歳の一人暮らしの方が、華道を学び、教えることを生きがいにされているという例を示しながら、文化芸術等を通じた人と人とのつながりは、人生に良い影響をもたらす。

▶企業と文化が融合することで新しいものを作りだせるのであり、企業には、従業員の働き方を改革し、空いた時間を文化活動や地域活動に使える仕組みを考えてほしい。

▶自分たちのまちを見つめ、日々の暮らしの中でできることを考えることが、「レジリエンス」への一歩である。という指摘が、

また、京都市私立幼稚園協会の升光泰雄氏からは、

▶子どもたちの日々の体験は、新しい発見への幸福感に結び付いており、「失敗」という考え方はない。大人は子どもに向き合うことで、気付かされることも多い。

▶大人は、子どもを「社会に生きる一人の人」として、じっくりと長い目で見て育てることが必要である。

▶人と人のつながりは、まさに文化芸術である。高齢者と若い子育て世代がどう関わっていけるかを考える必要がある。

また、京都大学特定准教授の清水美香氏からは、

▶思ったことが実現しなくても、プロセスに意味がある。失敗から学び、這い上がり、変化することが大切である。

▶今まで当たり前にあって失われたものを振り返り、もう一度見つめ直すことも「レジリエンス」。特別なことではない。

▶京都が持つ人や文化芸術といった資源を「レジリエンス」の視点で見つめ、組み合わせることが、京都らしい「レジリエンス」に繋がる。

といった様々な意見を交換しあうことができた。

<2018 年 12 月、レジリエント・シティ京都市民フォーラムの
パネルディスカッション >

局・区横断のワークショップを実施

また戦略策定に向けて、課題となる各項目を精査していく段階で意義深かったことは、2018年10月に京都市役所の各局・区の中心メンバーによる、ワークショップを行い、レジリエンスをキーワードとして、それぞれの局や区が抱えている課題や施策がどのように繋がり、連携することによって相乗効果を発揮することができるか、議論を深めることができたことであった。

庁内ワークショップでの局・区間の連携に向けた議論
（2018年10月）

<各局・区のワークショップ>

行政の縦割りの解消は、これまでも一貫して進められてきた努力であるが、それをレジリエンス戦略の策定を機に、改めて徹底しようとした訳である。特に、レジリエンスの視点で人口減少、町並み保全、地域コミュニティ等それぞれの施策の課題が他のどの施策と関連し、影響を及ぼし合っているかを考えることで、単に施策を融合するだけでなく、発想を逆転したり、見方を変えたりすることを一層重視しようと試みたのである。

この手のワークショップは、若手職員の研修や、市民参加型の活動ではしばしば行われてきたが、局・区の重要ポストである庶務担当部長を中心とするメンバーを集めて、じっくりと開催されたワークショップは、レジリエンス戦略策定という過程だけでなく、市行政推進総体においても、有意義であったと確信している。またこのワークショップには、100RCのシンガポール事務所からも参加をしていただいた。

「京都市レジリエンス戦略」の副題

そうした取組を経て策定された京都市のレジリエンス戦略には、副題として、「しなやかに強く、持続可能な魅力あふれる京都のために」という表現を用いている。

「京都市レジリエンス戦略」だけでは、市民に理解されにくいという議会での指摘も踏まえて、上記の副題を付けたわけだが、ここで示された「しなやかに強く」というのは、文字通りレジリエンスを表しているが、加えて、持続可能という言葉で、SDGsとの関連を示し、さらに魅力あふれる京都という表現で地方創生との繋がりを意図した。

冒頭の市長の挨拶では、「自分ごと」「みんなごと」のレジリエンス元年に！という標題が使われ、レジリエンスをキーワードとしたこれからの京都のまちづくりに向けた心意気が宣言されている。

戦略の本文においては、行政施策の紹介ではなく、レジリエンスという概念でみた施策の在り方や当面の危機、課題を身近に感じてもらえるよう努めた。筆者も、チーフ・レジリエンス・オフィサー（CRO）として、次のような挨拶文を掲載している。

「京都が京都であり続けることの意義」

「レジリエント・シティ」…これまで聞き慣れなかった言葉が、20年後、50年後、どのように引き継がれていくのか、「戦略」を発表する今、率直なところ、ワクワク感と不安感が入り交っています。

この冊子は、「京都市レジリエンス戦略」と名付けられていますが、実は「戦略」と言うよりは、「SDGs」を踏まえ、真に持続可能な社会を築くための呼びかけであるとともに、大きな方向性を示した「未来予想図」とも言えるものです。個々の事業展開をご一緒に進めるための考え方や姿勢について、まず共有することを目指そうとしています。

あわせて行政の在り方としては、様々な危機への備えとして、縦割り施策や前例主義を徹底的に排除し、想定を超えたあらゆる事態においても柔軟で前向きな姿勢を貫くことを求めています。

ここで言う危機とは、突然到来する自然災害やテロの脅威だけでなく、少子化に伴う人口減少や地域コミュニティの崩壊、景観・町並みの破壊など、じわじわと忍び寄る危機も含まれます。その背景にある「右肩下がり」と言われる、私たちが経験したことのない先行き不透明な現代社会を切り拓く尺度として登場した合言葉が「レジリエンス」なのです。

その意味では、千年以上にわたって都市の機能を持続させてきた京都は、「レジリエンス」を内包する都市ですが、根底には、日本の精神文化や伝統的な価値観、自然を大切にする世界観、ものづくりとの密接な関係などの条件が凝縮されていることは間違いありません。そして、そうした生き方は、今も「京都らしさ」として市民生活に深く浸透しています。加えて、大学、企業、寺社、NPOなど様々な団体が人々の生活と密接に結びつき、地域に根ざした活動を展開しています。

しかし、そうした状況は、現状を放置していては決して継承できるものではありませんし、また待っていて誰かが与えてくれるものでもありません。

「戦略」という文書は出来上がりましたが、京都市のまちづくりに真に役立てられるかどうかは、行政を含め、あらゆる分野、立場、世代の市民・団体・組織の皆さんが、当事者として、考え、行動し、新たなライフスタイルを創造していただけるか否かにかかっているのです。

結びに、この間、最大限のサポートをいただいた100RCプロジェクト、「レジリエンス」に関心を持ち、様々な形で御意見を寄せていただいた多くの皆様に感謝申し上げます。

レジリエント・シティ京都市統括監（CRO）藤田裕之

突発的なショックと慢性的なストレス

さすがに、新型コロナ禍は予見できていなかったが、戦略の中では、将来予想される危機として、

> 「都市をおびやかす様々な危機には、大きく分けて、次の2つがあります。
>
> ・(突発的なショック) …地震や台風、豪雨・暴風等の自然災害、テロ、サイバー攻撃、大規模な事故、伝染病のまん延、経済危機など、外因的な目に見える危機
>
> ・(慢性的なストレス)…人口減少や少子高齢化、地域コミュニティの活力の低下、インフラの老朽化など、都市の内部で進行する目に見えにくい危機
>
> いずれも、都市の基本的な機能や安心安全な暮らしを損ない、都市が存続してその都市に人々が暮らし続けることを、不可能にしてしまうおそれがあります。」

という形で、「伝染病のまん延」という表現は用いているが、率直なところ、ウィルスによるパンデミックという視点は、予想される危機そのものとしては、十分に触れられていなかった。

5-2 戦略の具体的な柱

しかし、戦略が目指そうとしたことは、どのような危機に対しても対処できるということであり、特に、レジリエント・シティ実現のための手段として、まず行政が取り組むこととして政策の点検・強化に向けて、「政策の融合」、「市民等との協働」、「イノベーションの徹底」、「想定外への備え」、「ピンチをチャンスに切り替える発想の転換」の５つの視点と共に、「地域力」、「市民力」の維持・強化に向けて、「レジリエンス理念の共有」、「地域の絆の強化」、「地域以外の多様な力の統合」、「市民のライフスタイルの転換」、「担い手の育成」の５点を掲げている。

これからのまちづくりを考える上で、行政が常に忘れてはならないことは、縦割りの弊害を作らないことである。それぞれの部署が責任を負う行政システムは、素晴らしい側面もあるが、前例のない問題が起こった場合には、往々にして前例主義に陥り、他の部局と協力連携する努力が後回しになってしまいがちである。政策を重ね合わせて相乗効果をもたらすところまで進めて初めて、レジリエンスと言えるのだろうが、率直なところ、役所が最も苦手な部分であることは言うまでもない。

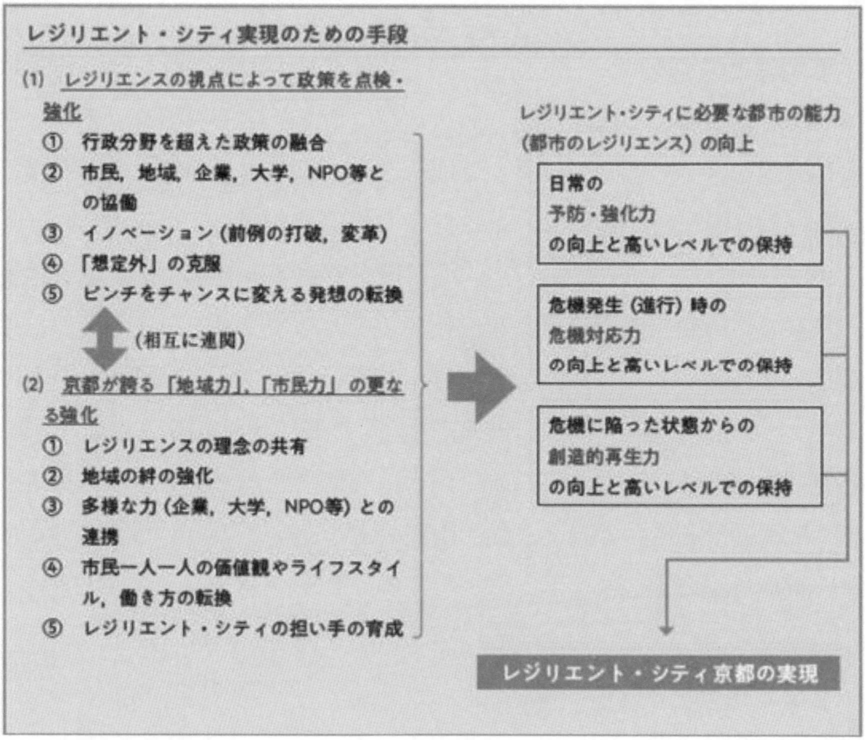

政策の融合

こうした政策の融合は、実は市民との協働にも関わってくる。一つの仕事を進めるのに、市民は様々な生活場面で横のつながりを持っている。しかし、行政が地域の市民団体を直接の影響下に置こうとすると、結果として、市民団体の中に相互の縦割り感が登場してしまう。何かの行事を行う場合でも、この行事は、体育振興会、これは社会福祉協議会、それは保健協議会、あちらは消防団、これは民生児童委員、と同じ地域での活動でも、縦割りが常に生じ得る。しかし、その原因は得てして、行政の対応にあることも少なくない。つまり、「行政組織の縦割り」が「地域団体の縦割り」を作ってしまっていると言えなくもないのである。

市民等との協働

市民との協働は、行政が何でも行政だけでするのではなく、市民と情報も課題も評価も行動も共有して取組を進めることを目標とするが、行政の縦割りの最たる難点は、行政だけで何事も対応してしまおうとすることかも知れない。先に触れたように自分だけでできないことは、他者に遠慮なく必要な協力や支援を依頼することもレジリエンスの重要な要素であるとすれば、市民や企業、大学、NPO 法人などあらゆるソーシャルキャピタルと連携・協力をできることも、重要な課題なのである。勿論、そのために行政の努力はこれまで以上に求められるであろうが、少なくとも市民のサービスの向上とか、市民のお世話をするという方向性とは異なる努力が必要となろう。

イノベーションの徹底

また役所で従来から言われる前例主義の打破は、常に最大の課題であり、あらゆる業務におけるイノベーションの徹底が不可欠であることは言うまでもない。少なくとも経験したことのない災害や危機に対応する際に、過去の事例だけに頼っていては、当然、限界にぶち当たる。もちろん、経験の蓄積は重要であるが、新たな危機に対しては新たな方策が求められることは当然である。

しかし、そうしたイノベーションの徹底のためには、平時における改革こそ重要であることは言うまでもない。何気なく繰り返されている業務の中にも、時代の行く末を見つめて、方法や手法を改めるべき課題は、実は山積している筈である。

想定外への備え

想定外の備えについては、あらゆる想定外の事態に対応できるように備えるという意味ではあるが、あらゆる想定外の事態が来ても対応できるよう施設を充実するとか、物資を保管するということでは決してない。

別の言い方をすれば、想定外の事態は起こって当然であり、そうした想定外の事態を常に覚悟して備えることこそが重要という意味なのである。

特に自然災害に関しては、想像力を駆使して、様々な可能性に備えることは重要なのであるが、いかに様々な想定を行って備えたとしても、予想しない出来事や事態は起こり得るのである。それは、そもそも人間が自然の現象を支配できる立場にないからに他ならない。

その意味では、最小限の物理的な対応は必要であるが、社会の構成員の当事者意識や連携協力によって、必ず起こる想定外の事態を乗り越えられるよう、行政としても日頃から覚悟し準備しておくことが、不可欠なのである。

ピンチをチャンスに

最後に、様々な厳しい状況に直面し、あるいは危機が訪れた際に、そうしたピンチこそチャンスに切り替える発想の転換を行政自体が行えることが重要であろう。これは、一種の意識改革にも繋がるだろうが、いかなる困難に対しても、勇気をもって、協力し合いながら立ち向かうことで、必ず解決の糸口が見つかり、元の状態以上に、あるいは、元の状態とは異なる形で回復していくレジリエンスの別の側面を言い当てた表現と言えるであろう。

レジリエンス理念の共有

一方、市民力、地域力を維持強化するため、市民に対しても協力を要請しなければならない課題がいくつかある。その一つは、レジリエンスの理念をしっかり共有、再確認していただくことである。もちろん、価値観の多様化の中で、そうした意識を強制したり、行政から号令を発することはできないが、市民生活において、常に回復力をそなえ、しなやかに強いライフスタイルを構築できる市民であってもらいたいものである。レジリエンスのある社会は、レジリエンスを理解し実践できる市民が活躍し、育つ社会であることも同様の意味なのである。

地域の絆と多様な力の融合

また、京都の強みは何と言っても地域コミュニティであり、地域の絆と言われる連携や協力、支え合いが、まさにいざという時に大きな力を発揮することは言うまでもない。しかし、この絆は放っておくと弱っていくものであり、物の豊かさや便利さが当たり前になってきた社会では、有難みも減っていることは否定できないだろう。

もちろん、この地域の絆は、これからも非常に重要なネットワークになるのだが、そこだけに依拠していては、これからの地域は成立しないだろう。そこで登場するのは、多様な力の融合である。企業や商店・事業所、大学を含む学校、寺社、NPO団体など、今日の地域には隠れた財産が数多く存在しているが、現実には、地域団体という場合には、中小企業や事業所などが部分的に事業に協賛したり、お商売をされている方が自治会の役員になっている、といったケースが殆どではないだろうか。しかし、これからの地域社会は、そうしたあらゆるソーシャルキャピタルを巻き込み、そこに従来の地縁組織である自治会・町内会がしっかり連携している形が求められるのである。いわば、地縁組織と志縁組織の融合が重要なのである。

ライフスタイルの転換

さらに、市民一人ひとりのライフスタイルを転換していくことが重要である。このことは行政が提起したり、要請することではなく、まさに地域ぐるみで、あるいは住民が主体的に進めていく行動であるが、いかに充実した施策が提示されても、市民が当事者意識を持って主体的に取り組まなければ進まないし、レジリエンスの達成と当事者意識は切っても切れないのである。

次世代育成こそ持続可能性の原点

最後に、こうした流れを確固たるものにしていくため、重要になっていくのが、次世代の育成である。いかにレジリエンスのある地域や社会が実現したとしても、次の世代に継承されなければ、たちまち途絶してしまう。その意味で、持続可能な社会を持続させるための最大の課題が、この次世代育成だと言うこともできよう。

SDGs（Sustainable Development Goals＝持続可能な開発目標）との融合

レジリエンス戦略は、取組期間を2040年までとしている。

実は戦略の取組期間については、SDGsが目指す2030年に合わせることや、京都市の基本計画などと連動させることも考えたのだが、レジリエンスの取組はSDGsの区切りで完結するものではないことから、もう少し長期の展望で考えることとした。折しも南海トラフ地震の発生が、2030年代後半と想定されていることも念頭に置きつつ、2040年までとしたところである。同時に、SDGsとの連携・融合も明確にしている。（SDGsに関しては第９章で詳しく述べる。）

6つの重点的取組分野

レジリエンスにおける重点的取組分野としては、自然災害、人口減少、地域コミュニティ、文化の継承や活用、京都経済の活性化、住環境の課題、脱炭素社会に向けた課題などを確認したうえで、「人が育つまち」「支え合い、助け合うまち」「豊かに暮らせるまち」「快適で安心安全なまち」「環境にやさしいまち」「災害に強いまち」という６つの柱を立てている。

特に、「支え合い、助け合うまち」「豊かに暮らせるまち」「快適で安心安全なまち」という３つの分野については、それぞれ「地域コミュニティ」、「文化・芸術・ものづくりの伝統」、「景観や町並み」といった大都市では例のない特色や強みを示すものであり、そうした強みを、気候変動や災害の直撃、さらに少子化に伴う人口減少といった状況下においても、いかに守り発展させるか、問題提起を行い、方向性をさぐることが、重要な役割となっている。

同時に、そうした特色や強みは決して一朝一夕に出来上がるものではなく、地域住民をはじめ様々な社会の構成団体による当事者意識や協力意識の賜物であり、まさに京都が内包してきたレジリエンスの一つのかたちと言えるのである。

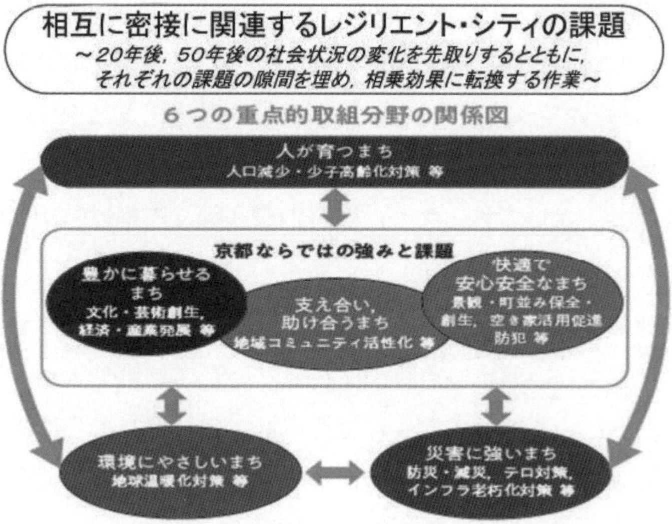

持続可能な都市の未来予想図

しかし、残念ながら、その京都においても将来のまちづくりの見通しは決して楽観できるものではなく、常に施策のイノベーションや、新たな課題に果敢に挑戦する気概が求められている。レジリエンス戦略は、そうした財政危機を含むあらゆる危機を想定しつつ、持続可能な都市であり続けるための未来予想図づくりへの参画の呼びかけなのである。

もとよりこれらの課題は、相互に密接に関わり合っており、まさにあらゆる政策において横串を刺す理念でもある。とりわけ政策の融合に当たっては、行政特有の縦割りを排することのみならず、あらゆるソーシャルキャピタルとの協働も、今後、より重要になってくることは間違いない。そのための意識や制度の改革に挑戦することが不可欠である。その前提となるのは、いかなる想定外の事態も起こりうると受け止める姿勢であり、想定外のことは必ず起こると覚悟しておくことなのである。

同時に、地域力や市民力の背景にある社会状況は常に変化しており、現状に甘んじることは許されない。従来の地域コミュニティの維持はもとより、あらゆる社会資本の活用が必要であり、そのことがいかなるダメージや危機に対してもしなやかに対応可能な状況を作り出す根底となるのである。

その意味では、レジリエンス戦略は、個別の政策の柱立てや計画立案とは性格を異にし、あらゆる政策に共通する基本原則や大きな道筋を示すことを目的としており、こうした都市経営の理念をあらゆる関係者が当事者意識を共有し、あらゆる施策やまちづくりの方針に貫徹させることこそ、レジリエンス戦略の中核となる部分なのである。

< 2019 年 3 月 100RC 代表、市会正副議長同席のもと
門川大作市長から「京都市レジリエンス戦略」を発表>

5-3 レジリエンス構築に向けた議論の深まり

策定された戦略は、一つの成果物ではあるが、議会はもとより市民や各種団体、企業、大学など、社会全体の中で、どのように認知してもらえるようにするかが重要である。

そのためにも、各界を代表する多くの有識者やリーダーとのシンポジウムを公開で行うと共に、CROとして講演させていただいたり、パネラーを務めさせていただいたりする機会にも努めている。

戦略策定を受けた「SDGｓ・レジリエンス京都市民フォーラム」

2019年12月には、戦略策定を受けた「SDGs・レジリエンス　京都市民フォーラム2019」を開催した。

そこでは、筆者からCROとして、戦略の概要について基調報告した後、具体的実践に向けた問題提起として、４人の方から報告を受け、パネルディスカッションを行った。

京都大学大学院地球環境学堂の浅利美鈴准教授からは、「エコロジカル・フットプリント」という考え方が紹介され、今日の先進国のような生活を地球上の全ての人が行えば、地球がいくつ必要かという視点から、地球環境の危機を警鐘された。また、ご専門のゴミ問題から、食品ロスやプラスティック問題を例に示しながら、SDGsを身近な問題として子どもの頃から取り組んでいくことの大切さ、さらに学生が中心となった活動、祇園祭との連動など、幅広い視点が示された。

信頼資本財団理事長の熊野英介ＡMITAホールディングス代表からは、1972年のストックホルム人間環境宣言以来の持続可能な社会の理念が登場してくる歴史に触れながら、豊かな社会を目指す工業化や近代化への反省に立てば、SDGsの先にはエコシステムが課題になると紹介された。そこでは、衣食住足りて不幸になっている現実を精神的飢餓、即ち孤独として捉え、繋がることの大切さ、即ちレジリエンスが不可欠であることを指摘され、本当の持続性とは、「人間と自然が資本であり、決して経費ではない」と結ばれた。

「子育ては親育てみのりのもり劇場」の伊豆田千加代表理事は、親子関係の育むことを基盤に地域に密着して取り組んできたこれまでの活動を紹介しながら、地域の安全を守る嵐電パトトレインの取組や、物々交換で古民家をゲットするまでに至った経験、演劇で家族の会話の一コマを再現する公演、ミニコミ誌の発行、そして、間伐材を有効利用したSDGsバッジの製作など、アイデアあふれる活動を紹介され、そうした人と人との繋がりやワクワク感がSDGsに結びついているとまとめられた。

京都市地域コミュニティ活性化審議会座長でもある同志社大学の立木茂雄教授からは、SDGsの基本原理となっている「誰一人取り残さない」という課題に関して、災害への備についても言及しながら施策の縦割りをいかに解消するのか、「福祉のタコツボ」「防災のタコツボ」から出て、地域の場で連携し、縦割り施策を打破していることの重要性を指摘された。

続くパネルディスカッションでは、今後の人口減少社会においても、関係人口、交流人口をいかに増やすのかといった視点や、縦割り社会から脱するために、関係者を糸で繋ぐ「土蜘蛛」の役を担う行動が重要であること、そのために一つ一つの関りが広がっているという自覚を我々がしっかり持つことの大切さも強調された。

そして、SDGsの推進において、18番目の目標として、文化や幸福感、コミュニティといった理念が考えられ、地域への誇りや繋がりを大切に、当事者意識をもって「一日一SDGs」を実践しようという呼びかけも行われた。

＜SDGs・レジリエンス京都市民フォーラム 2019＞

オンラインによる「SDGs・レジリエンスフォーラム」

さらに2020年12月には、新型コロナ禍のもと、オンラインでの開催となったが、「SDGs・レジリエンスフォーラム」として、山極壽一前京都大学総長に基調講演をしていただいた。

講演の中では、SDGsにおいて具体的な目標として設定されていない「文化」をキーワードとして着目しつつ、共同の保育、共同の食事を通して成立した、家族と共同体の二重構造を持った社会が、工業社会、情報社会を経て、知識集約型社会になり、世界の人口も77億に至った今、人間の体や心が追い付いていかず、情報革命が起こってから、脳の中で情報化できない直感、情緒などの社会性が置き去りにされていると指摘された。

同時に、新型コロナ禍において、「移動する自由、集まる自由、対話する自由という人間社会の根幹をなす自由が制限され、芸術活動やスポーツなどが生きる力を得る上で不可欠なものであることも解ってきたことや、ステイホームを通じて家族の重要性が見直されたことや、さらに、今後の社会の在り方としてシェアリングとコモンズについて見直すことにも言及された。

講演を受けて、京都大学こころの未来研究センター副所長の内田由紀子教授にも加わっていただき、筆者がモデレーターを務めて、「幸福とは何か」に視点を当てつつ、お金でつながるのではない社会の在り方、家族や地域の大切さ、SDGsへの取組の方向性を含めて鼎談を行った。特に地域活動の中に隠されている安心感や、人の幸せを祈ったり願ったりする生活文化の中に、幸福の源があるというヒントも得ることができた。

この模様は、当日のオンライン配信に加えて、現在もユーチューブ配信を行っており、多くの皆さんに視聴していただいている。

令和2年12月19日（土）オンライン開催

YouTubeでアーカイブ動画を配信中！
下記QRコードより，ぜひご覧ください。

レジリエンスフォーラム
QRコード

＜京都市国際交流会館和風別館で収録された
オンラインでのSDGs・レジリエンスフォーラム＞

これまでにも、レジリエント・シティとしての取組やSDGｓとの融合といった京都市の独自性や先進性に関心を持ってくださった団体から、講演やパネラーとして数多くお招きいただいた。

こうした形で、各界を代表する有識者と意見交換させていただく機会や各種団体の主催によるシンポジウム等で、様々なリーダーともご一緒させていただいた。

また、前後するが、この間、レジリエンス戦略の策定やSDGsの推進に向けては、シンポジウム等にご登壇いただいた方以外にも、詳細にご紹介はできないが、前述の藤井聡先生、枝廣淳子先生、佐々木雅幸先生をはじめ、ユネスコ元事務局長の松浦晃一郎先生、京都大学こころの未来研究センターの佐伯啓思先生、同じく広井良典先生、京都大学経営管理大学院の原良憲先生など多くの有識者や、さらには経済界のリーダーの皆様と、個別に面談して貴重なご意見をいただくことができた。

5-4 他都市のレジリエンス戦略

レジリエント・シティのネットワークにおいては、世界中の1000以上の都市から応募があった。北欧諸国や旧東欧諸国が殆ど含まれていないなど、一定の地域的偏在や社会体制における偏りは否定できないものの、各国の主要都市の多くが選定されている。アジアにおいても、シンガポール、ソウル、バンコク、ジャカルタ、といった先進都市が選定されている。

ここで、世界のレジリエント・シティの中からいくつかの事例を紹介したい。

レジリエンス戦略という性格上、持続可能な都市の在り方について述べていることは概ね共通しているが、持続可能性を損なう危機がどこに潜むか、あるいは持続可能な都市として何が不可欠か、といった視点は、まさに都市によって様々である。

同時に、いずれの都市も、そうした危機や課題に直面することを前提として、ダメージを受けた際に、どのように都市機能を維持存続し、元以上の状態に回復するかを目指すレジリエンスをテーマとして高らかに掲げているが、100RCから特段の指定はなく、項目等は各都市の主体性にまかされている。

（1） 京都市の姉妹都市・・・パリとボストン

京都市の姉妹都市のうち、レジリエント・シティに選定されているのはパリ、ボストン、グアダラハラであるが、ここではパリとボストンについて簡単に紹介したい。

<パリ市レジリエンス戦略表紙>

「パリ市レジリエンス戦略」の特徴の一つは、セーヌ川の氾濫やテロへの備えなど、近年、パリが経験したリスクについて具体的に大きな柱で展開されていることであろう。特に、パリの市内を流れるセーヌ川については、都市の最大の魅力であると共に、ひとたび洪水が起こると壊滅的な被害をもたらすことになるし、水質汚濁やゴミの散乱も都市の発展にとって大きな課題であると位置づけている。またテロについては、2015年の同時多発テロという現実の経験が反映されていると考えられよう。

気候変動や大気汚染など環境問題を重視する姿勢も明確であり、パリ協定を推進する立場を明確にしている。同時に、経済格差や地域間格差など、社会の不平等に対する行政としての課題も重視されている。

また個別の課題として、学校の校庭をオアシス化する事業が提起されている。日本では少し考えにくいのだが、ヨーロッパの街中の学校は校庭があっても狭いうえ、アスファルトやコンクリートで覆われている場合が多い。パリのレジリエンス戦略では校庭をヒート・アイランドから脱却する「クール・アイランド」に転換することや、子どもと親にとってのオアシスとすることが提案されている。

これについては、パリのCROであるセバスチアン・マイア氏がニューヨークのサミットでも力説していたのが強く印象に残っている。

パリと同様に京都市の姉妹都市であるボストンも、世界100RCの一員としてレジリエンス戦略を策定している。

<ボストン市ホームページ>

2019年に姉妹都市締結50周年で代表団が入洛された折にも、レジリエンスをテーマに懇談させていただいたが、アメリカ合衆国の中では歴史のある都市であり、大学や文化芸術においても共通点を感じる都市であった。

しかしボストンの戦略でも目に付くのは、人種差別や格差社会の克服を目指す姿勢である。まさしくレジリエンスの実現に向けて、人種的公平が不可分の関係であることが強調されている。逆に考えると、人種問題や経済格差が、都市の持続可能性における最大の課題としてそこまで深刻に認識されているということであろう。

そこでボストン市は、雇用創出のための新たな政策を打ち出しており、差別を受けてきたコミュニティの人々が成長産業の職に就けるよう、また市経済全体としての公平性を高めるよう尽力している。

また、2013年に発生したボストンマラソン爆弾テロ事件においては、統合された危機対応システムが効力を発揮する形となったが、市政府はさらなる改善が必要と考えており、より優れたシステムの構築が期待されている。

（2）　アジアの各都市

シンガポールは、アジアでのレジリエンスの取組の中心として、100RC時代からアジア・太平洋地区の本部も置かれていた。当初の100RCは発展的に解消し、現在はRCN（レジリエント・シティズ・ネットワーク）として活動を継承し新たに展開しているが、その際にも、ロックフェラー財団、世界銀行と共に全面的に資金協力を行っているのが、実はシンガポール開発庁である。

京都市とほぼ同じ面積しかないシンガポールであるが、都市国家として軍隊も有し、国営の航空会社も経営している。1960年代のシンガポールは、市民の生活レベルや健康状態の低い都市であったが、今や劇的に改善され、市民生活の質はあらゆる面で大幅に向上し、清潔で緑の多い環境に住むことが可能になった。

＜シンガポールのレジリエンス戦略表紙＞

また、自然資源が限られているため、必要な資源の確保のための長期的な都市計画、気候変動をはじめとする不測の事態に備えるべく複数のシナリオに対する備えとして、行政のみでなく様々な機関やステイクホルダーとの協働を重視し、持続可能でレジリエントな都市国家の構築を進めているが、同時に急速な高齢化、出生率の低下が喫緊の課題となっている。

韓国のソウルも、ここ50年間における劇的な経済成長に伴って急速に進められた都市インフラにおいて、設備が老朽化し、改善しなければならないという大きな課題を抱えている。

また新たな課題として、大気汚染や高齢化と並んで、出生率の低下に伴う少子化などもソウルの悩みの種となっているが、スマートで安全な都市（A Smart City for All）というビジョンを掲げ、市民や企業と協働してレジリエンス構築を成し遂げることを目指している。

インドネシア最大の都市であるジャカルタは、人口増加と共に急速な都市化を遂げている一方、その様々な都市課題が噴出している。こうした深刻な課題に対処するため、備え、健康、繋がりを軸に、レジリエンス戦略の策定を行政のみでなく数多くの地域コミュニティや企業と協働で行っている。

同時に、海面上昇、犯罪の増加、交通渋滞、水不足、廃水処理、人口増加による公共サービスの不足といった個別課題も掲げている。

一方、同じくインドネシア諸島の沿岸都市であるスマランの最大の懸念事項は、水問題である。近年では海面上昇や地盤沈下の危機も加わり、緊急性はさらに増している。こうした危機に対処するため、市は雨水の貯留や地滑りを防ぐための植林、海岸線保全のためのマングローブのケア、洪水や疫病等の非常事態における早期警戒システムの構築など、革新的なプログラムを数多く実施しているが、持続可能な水資源及びエネルギーの確保、河川の汚染、地滑り、地盤沈下など様々な課題に直面している。またデング熱の蔓延が大きな課題となっている。

タイの首都バンコクは、1000万人近い人口を抱え、活気あふれる観光によって賑わう人口密集都市であり、急速な成長を遂げた一方で、都市化がもたらす多くの環境課題、社会課題を抱えることとなったが、市民生活の質の向上、都市リスクの削減、世界的に競争力のある経済を融合していくことを目標とし、皆が安全に暮らせるまちを目指して取り組んでいる。

その背景には、大気汚染、経済の低迷、失業率の増加、市民の健康状態の悪化、交通渋滞、高齢化といった課題が存在しているようである。

インドの教育の中心地で、自動車産業の中心地としても変革を続けたプネは、インドの最も革新的な都市のひとつとして都市計画を先導するうえで重要な役割を果たしている。特にIT産業の中心地として栄えているが、こうした発展は移民の流入や急激な人口増加を招き、インドの他の都市同様、コントロールしきれない成長や環境負荷の拡大といった都市課題を抱えることとなった。

同時に洪水や疫病の蔓延、廃棄物処理の課題への対処も急がれるため、持続可能性とレジリエンスをキーコンセプトとして統合の取れた都市開発に尽力している。

（3）　アメリカの各都市

ニューヨークは、2001年の9.11同時テロを経験し、また2012年のハリケーン・サンデイでの被害も深刻であった。

因みにこのハリケーンへの対処として、地下鉄の計画運休や企業の一斉休業、重要な機器や資料の緊急避難が行われ、被害を最小限に食い止めたことは、災害時の減災対策のモデルとなっている。

強く栄光ある都市を目指すことを掲げ、レジリエンス戦略を発展させたOne NYC（一つのニューヨークシティ）政策を、「気候危機に立ち向かい、公平性を達成し、民主主義を強化するための大胆な行動で、強く公正な都市を建設」することを目標に2050年に向けて展開し始めている。

アメリカのフロリダ州を中心とする都市に共通するのは、ハリケーンによる洪水である。気候変動に端を発すると思われるハリケーンの巨大化に加えて、温暖化に伴う海面上昇は、これらの都市では、じわじわと忍び寄ってくるストレスというよりは、突如襲い来るショックの一つとみなされている。それほど、巨大ハリケーンの度重なる襲来や洪水は、これらの都市の存続そのものを危うくする危機なのである。

またマイアミ都市圏の経済においては、2007年に発生したサブプライム住宅ローン危機（2007 mortgage crisis）及び全米規模の不況からの復興段階にあり、こうした経済危機は市の多様で公平な経済成長の必要性を強く促すものとなった。

アメリカのラスト・ベルト（錆びついた工業地帯）と言われる地域の

ピッツバーグ、シカゴなどでは、かつて繁栄を誇った自動車産業等の製造業が壊滅的な後退を余儀なくされており、都市の衰退が目まぐるしい。ニューヨークのマンハッタン島でも、造船業に代わる新たな産業の創出によって、まちの活性化を進めることをレジリエンス事業として位置付けており、同様の構図が見られる。

ピッツバーグでは自動車産業をはじめとする製鉄業の衰退により、市の経済の減衰のみならず、仕事を求める若者が市外へ流出したことによる高齢者の割合増加も課題として挙げられる。こうした現状に対処するため、ピッツバーグは交通システムの改善や土地活用の多様化など、様々な取組を模索している。

また、米国で３番目に多い人口を抱えるシカゴでは、科学、テクノロジー、工学、数学等の分野において質の高い教育の提供を目指す戦略を推進しており、市のデジタル産業の強化への道筋をつくるべく尽力している。

度々地震の被害に見舞われたサン・フランシスコでは、レジリエンス戦略においても、地震への対応や復興策に主眼が置かれている。米国では、各州が建築基準法を定めており、例えば、サン・フランシスコの建築基準法は、“San Francisco Building Code”として制定されているが、地震対策においては、効果的な資金の活用と画期的な市の建築基準法により、建築物の安全性が飛躍的に向上した。

また、市のソーシャルメディアを駆使した市民への災害教育や呼びかけにより、市民一人ひとりのレジリエンスの向上が実現されている。

（4）　ヨーロッパの各都市

ヨーロッパには第二次世界大戦において、壊滅的な打撃を受けた都市が多いが、ロッテルダムもその代表例であろう。そのため、新しい建物のデザインは、芸術的というより、奇抜なものも少なくない。同じ、オランダでもアムステルダムとは全く異なる印象である。

<ロッテルダムの建物群（筆者撮影）>

「レジリエンス」とは考え方であり、すべての住民が弾力性のあるロッテルダムを進化させる必要があるという基本理念のもと、「社会の結束と教育」、「再生エネルギーへの移行」、「気候変動への適応」、「サイバー利用とセキュリティ」、「重要なインフラ整備」、「都市ガバナンスの変革」といった項目が掲げられている。2019年の世界100RCのロッテルダムでのサミットにおいても、隣接のハーグ市と共に、サイバー・セキュリティの重要性を強調していたのが印象的であった。

少なくとも3000年の歴史を持ち、多くの西洋文化発祥の地とされているアテネであるが、近年ギリシャ全体を苦しめている経済不況から失業率が増加し、とりわけ若者の失業率は50% を超える厳しい状況にある。

また、近年はより深刻な熱波の頻発やそれに伴う医療の不足、電力の不足等の問題も抱えている。こうした状況を打破するため、透明性のある行政、自然と調和したグリーンなまちづくり、サバイバルな生き方を身に着けたライフスタイル、新たな経済発展に向けたクリエイティブな人材育成等をレジリエンスの核として掲げている。

スペインを代表する観光都市でエンターテインメントやスポーツ先進都市でもあるバルセロナは、レジリエンス戦略そのものは、現時点で発表されていないが、分野横断的に組織されたレジリエンスチームが、様々なショック事象の影響予測や、都市が抱えるストレス事象への対処を行っている。また、環境課題に対する取組も始まっており、再生可能エネルギープロジェクトの推進や、港における化石燃料使用量の削減、公共交通網の拡大、電気自動車の導入などに力を入れ、都市部の人口過密地域における大気汚染や騒音被害の削減にも乗り出している。

また、住宅の適正価格化、経済格差、人口動態の変化、移民の受け入れ、持続可能な観光（サステナブル・ツーリズム）、公共の場のリニューアルを含む多数の政策課題に取り組むため、自治体の垣根を超えた取組やプロジェクトを盛り込むことがレジリエンス戦略として模索されている。

（5） 中南米の各都市

2010年4月に発生した豪雨によって、多くの市民が犠牲となるブラジル史上最悪の環境災害を経験して以降、気候変動や異常気象に関わるレジリエンスが最優先事項となっているブラジルのリオ・デ・ジャネイロであるが、同時に、都市インフラの欠陥・事故や頻発する停電、ガス爆発・ガス漏れ、上下水道の不備等インフラ整備も大きな課題となっている。

都市部における犯罪行為、不十分な公衆衛生設備も重要事項として掲げられているが、2016年オリンピック・パラリンピックの開催は、大規模なインフラ設備改善を行う機会となり、より持続可能でレジリエンスのある都市を目指す一環として多くの投資が行われた。

2000万人以上の人口を抱える西半球最大の都市であり、文化的にも繁栄を続ける巨大都市メキシコシティは、一方で貧富の格差の拡大や交通インフラの不備、人口増が高める自然災害のリスク等、多くの課題を抱える都市でもある。こうした都市の強み、弱みを認識し、市のレジリエンス戦略の改善に取り組んでいるが、戦略策定後の2017年に大地震を経験した。翌年2018年に開催された地震フォーラムには筆者もパネラーとして招かれたが、私有地における建築物の規制が事実上存在しない状況や、地震から半年経過しても、傾いた建物がそのまま放置されているなど、対応の難しさを痛感させられた。また、麻薬密売を行うマフィアの暗躍など、治安上の課題も深刻であると聞いた。

（6） その他の都市から

英国のグラスゴーは、産業革命における特有の負の遺産が様々な課題をもたらしている一方で、近年、大きな進歩を遂げ、現在では持続可能なまちのモデルとなっている。市民が暮らしやすい健康な都市環境、活気に満ちたアート文化、そして適正な経済成長を育むイノベーションの促進は、市民参加の促進によって進められ、レジリエンスの向上に大きく貢献している。

アフリカには市民生活のデジタル化等、めざましい発展を遂げている都市も多い。しかし、急激な都市化による人口増やインフォーマルセクターの拡大、拡大する貧富の格差や安定しない治安、基本的な公衆衛生設備の不足など、深刻な都市課題に直面すると同時に、年々深刻になる熱波や洪水などの気候変動の影響にも悩まされている。

ケープタウンにおいても、インフラ設備の不備、安定しない治安や、犯罪と暴力行為、食の安全、インフォーマルな住居、社会の結束の欠如、貧困と格差、薬物の乱用などが重要課題として挙げられている。

京都市よりひと足先にレジリエント・シティに選定された富山市は、「高齢化と人口減少という課題に対して「コンパクト・シティ」という方向を明確に打ち出している。

全国に先駆けて導入し充実したLRTを有効に活用し、様々な施設を市内中心部のLRT路線近辺に集約するなど、レジリエンスをキーワードに、健康長寿や文化芸術、子育て支援にも連動する思い切った都市計画を展開している。

<富山市のLRT>

以上、世界各地のレジリエンス戦略に挙げられた都市の課題や解決の方向性を概観したが、ひとことでレジリエンス戦略と言っても、都市が直面している課題は、当然のことながら、このように様々であり、項目も千差万別である。

もちろん、共通しているのは、都市の持続可能性に向けて、今、何をすべきか、多角的かつ長期的視点で検討しており、そのキーワードとして「レジリエンス」の理念が用いられていることであるが、都市のインフラ整備の状況や地理的条件など、社会制度や法制も含めて、まさに様々な課題が浮き彫りにされている。

なお、残念ながら、そうしたレジリエンス戦略においても、今般の新型コロナ禍ほどのパンデミックをリスクとして挙げている都市は、あるにはあるが、極めて少数であった。

それはさておき、こうして他都市のレジリエンス戦略と比較するだけでも、京都市の特性や独自の課題は鮮明になってくる。

第 6 章

レジリエンスから見た京都市の強みと課題

茅の輪くぐり（6月）

6-1 今も残る地域コミュニティ

京都の都市特性については先に触れたが、こうしたレジリエンスを考える上で、まず、京都の魅力や強みについて、少し視点を変えて検討していきたい。

世界各都市を含め我が国の他の大都市との比較で見た時、京都の特徴を最も強く表わしているのは、地域コミュニティであろう。

その伝統は、明治の番組小学校の創設時に遡る。学校という教育機関が地域コミュニティの核になることによって、京都のコミュニティには、世代間の交流が行いやすい環境が整ったと言える。そのことはまた、コミュニティを形成する各種団体の活動内容において、次世代育成を少なからず意識する取組が展開しやすい環境も作ることとなった。何といっても、京都のまちづくりにおける重要な特徴は、先に紹介したとおり、明治２年、我が国の公教育制度に先駆け、「番組小学校」と呼ばれる初等教育機関を、住民が主体となって創設し、教育のみならず、公民館、保健所、消防署、税務署などの機能をも担う地域コミュニティの拠点として発展させてきたことである。

「学区」を拠点とする地域社会

これらの地域制の学校が、次世代育成の機能にとどまらず、「学区」と呼ばれる地域の拠点として社会体育をはじめ、保健、福祉、子育て支援、さらには災害への備えなど様々な場面で今日においても大きな役割を果たしている。今も京都市内の全ての小学校単位で盛大に開催されている

「学区民運動会」は、子どもから高齢者まで世代を超えて地域住民が参加する大イベントであり、活動内容は異なるが、学区ごとの自主防災会組織による住民主体の防災訓練も全市で行われている。残念ながら2020年は、新型コロナ禍のため、殆どの地域で、開催が見送られたが、かけがえのない京都の伝統行事として、是非とも再び開催され、以前以上に盛り上がることを願っている。

特に、こうした小学校単位を原則とする地域コミュニティが、旧市街地だけでなく、後に京都市に編入された地域など周辺の新興住宅地域も含めて市内全域に広がり、現在も市民生活の中に溶け込んで機能していることは、大都市においては珍しい京都特有の事例と言って差し支えないであろう。

実はそうした地域に根ざした活動、即ち、人と人との支え合いや日常生活における信頼が、SDGs の推進に当たっても、重要なファクターとなっているのではないだろうか。具体的には、SDGs における目標11の「包摂的で安全かつ強靭で持続可能な都市及び人間居住の実現」や目標16の「平和で包摂的な社会の促進」をはじめ目標３の「健康的な生活の確保と福祉の促進」、目標４の「質の高い教育の提供と生涯学習の機会の促進」などを挙げることができよう。

京都が今日まで都市の機能を途絶させることなく継続できたことには、これまで維持されてきた地域力やその地域力の根底にある支え合いや助け合いの生活文化が大きく寄与していると言っても過言ではないと考える。

各種地域団体の役割

地域を構成する各種団体は、それぞれ所管する分野の活動を担うことになるが、次世代育成への視点を共通して持つことによって、子は夫婦の鎹ならぬ地域の鎹として、各団体間の連携が浸透していることも特徴であろう。学校と言う共通の機関を拠点としていることも、勿論大きな要素であろうが、そうした次世代への思いが団体間の連携の礎になっているように感じる次第である。

これらの団体の中には、自治会、町内会はもとより、社会福祉協議会、保健協議会、体育振興会、消防団、自主防災会、少年補導委員会、民生児童委員会など幅広い分野の団体が存在しているが、基本的に元学区と呼ばれる明治の番組小学校に由来する戦前の小学校単位で組織されている。

戦後、新制中学校が誕生した際に、小学校から転用されたために、既に小学校は早くに存在しなくなっているのに、学区としての活動は継続されている地域も少なくない。

さらに、例外的に左京区の一部では、番組小学校を含め、学校として実質的に殆ど存在していなかった「学区」も一部あるようだが、京都市は周辺部を合併した後も、小学校を基盤とした地域コミュニティが広がっていき（これについては、平安講社と時代祭の影響が大きいと考えられることは、先に述べた通りである）、今日の学区コミュニティに至っているのである。

京都をつなぐ無形文化遺産

しかし、京都のコミュニティは決して学区だけに依拠している訳ではない。そもそも町衆と呼ばれる市民層の誕生は室町時代に遡るとされているし、京都は近世の自治都市としても発展してきたわけであるが、そうした地域に密着した住民の繋がりの拠点となった代表的な存在が地蔵盆であろう。おそらく市内中心部では、ほぼ町内単位といえる密度で、お地蔵さんが存在し、そのお地蔵さんは常に身綺麗に世話されてお花などのお供え物もされており、道行く人が当然のように手を合わせたり、立ち止まって頭をさげたりしている。

地蔵盆については、明治以降、脈々と引き継がれており、市内の周辺部にも定着してきた。まさに子どもたちの無事な成長を地域ぐるみで願う伝統であり、宗教行事というよりは地域コミュニティの伝統行事となっており、「京の地蔵盆」として、京都をつなぐ無形文化遺産として、「京の食文化」、「京・花街の文化」、「京のきもの文化」、「京の菓子文化」、「京の年中行事」とともに、京都市から指定されている。

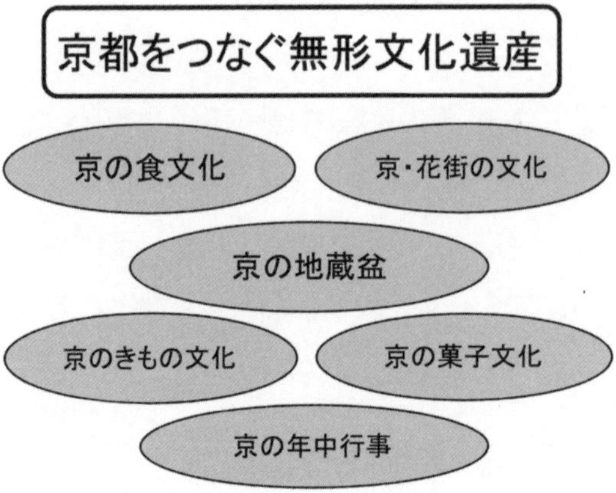

京都に残る伝統の力・地蔵盆

近年、子どもの数が減り、実施が困難になっている地域もあることは事実だが、8月の下旬には、町内のお地蔵さんを囲んで地蔵盆が行われ、子どもから高齢者まで、顔を合わせて様々な催しが行われる。150万人近い人口を擁する大都市で、このような古式ゆかしい伝統行事が維持されてきたことは、驚きを持って受け止められるのではないだろうか。これが、まさに京都の伝統であり、コミュニティの力なのである。

こうした地蔵盆を含めて、京都ならではのコミュニティの原点は祭礼や伝統文化であるが、祭の伝統は年間を通じての催事と密接に結びついている。

＜地蔵盆の光景＞

世界一美しいまちを目指す活動

さらに、京都のまちはゴミが少なく清潔であると言われるが、これも門掃き（かどはき）の風習と無関係ではないだろう。自分の玄関前を掃除することは、何も珍しいことではないが、門掃きは、両隣にも少し侵食して掃除するところがミソである。決して侵食し過ぎて、お宅の分も全て掃いておきましたという、「出しゃばった」形にしてはならないのである。こうした絶妙の距離感が、持続可能な地域コミュニティの拠り所となっているのではないかと個人的には感じている。ここには、人と人との支え合いの文化や価値観が存在している。さらには、目の前のことだけを刹那的に考えない、ゆったりとした時間の流れが、生活の中に息づいているとも言える。

こうした暮らし方は、おそらく長い間、継続されてきた日本の伝統なのだろうが、戦後の復興における物質的な豊かさや便利さ、ありていに言えば「アメリカナイズ」された社会によって、逆に失われていった価値観ではないだろうか。

京都は、大都市でありながら、そうした古き良き伝統を辛うじて継承している数少ないまちであり、まさに日本の伝統文化を今も生活の中に伝えている文化首都に恥じない存在であり続けなければならない。

その意味で、京都市が世界100のレジリエント・シティに選定されたことは、京都の存在を世界に発信するだけでなく、我が国において社会の在り方やライフスタイルを見直す上でも、願ってもないチャンスになると考える。

<ごみゼロ市民運動>

6-2 文化・芸術、歴史的遺産の宝庫

京都には全国の国宝の２割が集まっており、世界遺産も市内に14か

所、周辺も含めて17か所、集まっている。

加えて、先に述べたように、京都市では、京都をつなぐ無形文化遺産として、平成25年以降、これまでに、「食文化」、「花街の文化」、「地蔵盆」、「きもの文化」、「菓子文化」、そして「年中行事」の6つを選定している。これらは、個別の分野として単独で選ばれたというよりは、その背景にある伝統や工芸、風習などを含んで選定されている。例えば、食文化であれば、京野菜をはじめとする食材、調理技術、盛り付けや食器、食事を行う場の床の間の文化などの設え、さらにおもてなしなども当然、含んでいるし、食事と共に飲むお酒も、食文化の一環という見方ができるかも知れない。

これらの文化は、まさに、古くは平安時代の公家文化をはじめ、様々な伝統が、庶民の暮らしの中にも広がり、脈々と受け継がれてきて今日に伝わり、維持発展してきたものであり、一朝一夕に成立したものではない。

むしろ、数々の断絶の危機を乗り越え、ある意味では奇跡的に今日まで継承されてきたという考え方もできよう。

京都を彩る建物や庭園

また無形文化と対をなす、建物や庭園などについても京を彩る存在として、選定されている。いわゆる国や府・市の指定や登録を受けていない施設であっても、市民から愛され、地域のシンボルとなっている建物や庭園などは、京都には数知れず存在する。これらも、殆どの場合、個人の住宅やお店等として、所有者の並々ならぬ尽力のもとに今日まで受け継がれてきたことは言うまでもない。

こうした町家の生活は、自然を上手く利用して、夏は涼しく、冬は暖かく過ごす工夫もされており、また当然、床の間には掛け軸と生け花が飾られ、畳の上での生活のもとで、伝統的な木の文化の象徴となる日々の暮らしが営まれてきた。

＜国登録有形文化財　藤田家住宅
（上京区西陣）＞

＜西陣くらしの美術館冨田屋＞

著しい町家の減少

しかし、様々な美術品はもとより、不動産に関しては、万が一、売却や処分が計画された場合でも、それが私有財産である場合には、行政が手出しすることは難しい。住居においても、そこに住む人がいなくなれば、荒廃も進み、売却される可能性も高くなるが、同じ町家で暮らそうと言う人が購入しない限り、取り壊される運命から逃れるのは難しい。

そもそも町家とは昭和25年以前に建てられた木造住宅であり、今後、新たに建設されることはあり得ない。この間も、京都の伝統的な町家が次々と壊されている例が後を絶たないが、あくまでも所有者の意向が優先されるものであり、行政であっても、買い取り等の対抗手段を講じない限り、ストップをかけることはできない。実際、京都市においても、やや古いデータだが、平成21年度に47,735軒あった町家が、7年後の平成28年度には40,146件に減少しており、年7～8％、戸数にして約800軒もの町家が、毎年、消えていっているのが現実である。

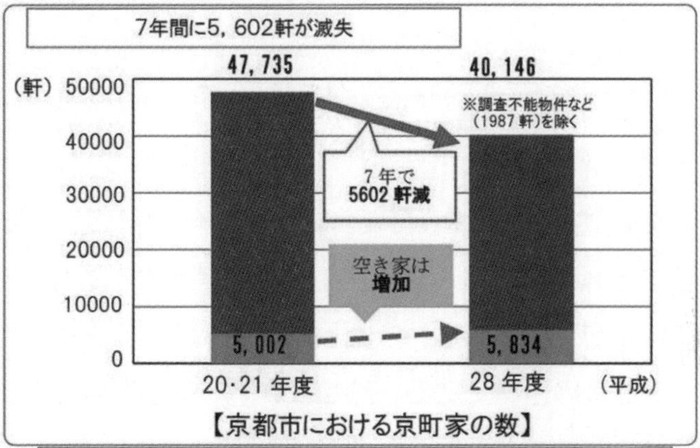

平成２８年度「京都市京町家まちづくり調査に係る追跡調査」

イギリスなどではナショナル・トラストによる買収も行われているようであるが、現在の我が国の制度や予算では、国宝級のごく一部の建物以外には、到底、対応できる状態ではない。

また、多くの文化、とりわけ伝統工芸は、ある意味の分業で成り立っているが、80歳、90歳といった高齢の継承者が、生涯、その分業の一角を担ってきたことで、辛うじて伝統を継承している例は少なくない。もし、後継者が確保できなければ、単にその作業が途絶えるだけでなく、全体の工程の中に穴があき、作業が完成しない、つまり伝統工芸品であれば製品が完成しないという事例が続出するのである。

したがって問題は、それらの伝統文化や建物等が、20年後、50年後にも継承されていることが、いかに厳しい状況にあるかということである。

京都の魅力を支えてきた、こうした伝統文化は、その意味では「絶滅危惧種」であることが否定できない状態であり、これから先もどのように守り、発展させるのか、大きな課題となっている。そして、既存の魅力が大きければ大きいほど、仮にそれらが失われた際には損失や喪失感も一層大きくなるのである。

コミュニティと伝統文化

併せて、先に述べた地域のコミュニティや年中行事と伝統文化の関係にも注目する必要がある。地蔵盆を例にあげるまでもなく、京都の地域コミュニティを支えるのは、まさしくそこに暮らす人々の生き方の美学であり、暮らしの哲学である。そして、その哲学を根底で支える価値観、美学の源が伝統文化であることは論を待たない。

そこには、自然への畏敬、自然の恵みへの感謝、侘び寂びの文化にも通じる謙虚な生き方が、悠久の流れのように精神性として存在しているのである。当然、宗教都市としての特徴もそこでは大きいと言えるだろう。

こうした京都の地域コミュニティと伝統文化は、今日まで、密接に関連し合っているだけでなく、相乗効果を果たしてきたと言える。地域コミュニティの、支え合い助け合う、「お互い様」のライフスタイルの中から、様々な年中行事やしきたりが生まれ、継承されてきた。そして伝統文化に親しむことによって、人々は自ずと地域の一員として育ち生活する道筋を覚えていったと言えるのではないだろうか。

そして、そうした地域コミュニティの在り方、生き方の文化が、常に災害を起こさないよう注意し合い、万一の場合には協力して対応できる災害に強いまちの土台になっており、京都の場合は、消防団や自主防災会においても、住民自治組織においても、基本的に学区が基盤となって継承されてきたことが強みなのである。

逆に考えると、そのいずれかが弱体化した場合、あるいは、両方が維持できなくなった時、もはや京都が京都であり得るのか、という深刻な危機が待ち構えていることになる。

6-3 ものづくりの伝統と芸術の振興

京都は文化芸術の都として、自負もあり、評価もされていると考えている。世界遺産や国宝など文化財の数も群を抜いており、伝統芸能においても、京都が都であった頃に発祥したものも多く、今も従事している関係者が多いし、関連する業界も伝統を引き継いでいる。

これは明治期の京都策との関係が大きいだろうが、東京に官営でできた施設が、動物園や美術館、芸術大学など、数年遅れで京都でも誕生している例が少なくない。しかもその多くは市民の寄付であったり、地元企業の尽力で成立したりしている。

また音楽分野でも、京都市立堀川音楽高校、京都市立芸術大学、京都市交響楽団、これに京都市少年合唱団まで加えると、一貫した教育システムを自前で完成させている。現に、世界的指揮者として活動されている佐渡裕さんは、小学校時代に少年合唱団で音楽に触れ、堀川音楽高校、京都市立芸術大学を卒業して世界に羽ばたいた。

＜京都市が世界に誇る京都市交響楽団（© 井上写真事務所　井上嘉和）＞

また、京都には老舗と呼ばれる店舗や企業が多い。そこには三つの意味があるが、一つはそもそも創業が江戸時代や、時には、もっと以前まで遡る場合もあるという古い歴史を有するということである。二番目には、創業は古くても、当初と現代とで、商品そのものは確実に進化している場合が多いということ。そして三番目は、その結果、事業が大きく拡大しても本社機能が京都から移転されていないということである。

一例であるが、任天堂、島津製作所、京セラ、ローム、堀場製作所（いずれも略称）など京都を代表する企業が、我が国を代表する企業に発展しても東京には移転せず、京都のブランドを有効に生かしながら活動を拡げている。同時にこれらの企業は大胆なイノベーションにより、創業当時の技術を生かしながら飛躍的な発展を遂げていることも共通しているが、その原点が花札、仏壇、陶磁器など、伝統工芸品である場合も決して珍しくない。

厳しい状況の伝統工芸

最大の課題は何と言っても芸術品とも言われる伝統工芸の分野である。京都市では、国指定により、染織で7品目、諸工芸で10品目、計17の伝統工芸品に加え、15年ほど前に、京都市の伝統産業として74の伝統工芸品目を選定し、小学生向けの副読本を作成したり、伝統産業の日を設けたりして、市民ぐるみでの普及に努めているが、先にも述べたように、技術を伝達していく製作者の高齢化は限界に達しており、20年後、50年後に業界を引き継いでいる人材が確保できていない。何十年にもわたる修業時代を積み重ねて一人前の技を身に付ける分野なのだから、現時点で後継者の候補者がいないということは致命的であると言わざるを得ない。

<数々の伝統工芸>

それとともに深刻なのは需要の減少である。生活様式の著しい変化によって、和装産業をはじめ、ほぼ全てと言っても良い伝統工芸が、販路の見直しや製品の改革を求められ、伝統との狭間で苦労している。また材料を提供する林業なども需要の減少に加えて、単価の下落によって、後継者の育成が難しい状況が続いている。

実は、こうした林業の衰退は、森林の荒廃を招く大きな要因ともなっており、自然災害を助長する危険性の拡大にも繋がっている。

さらに、そこに人口減少や少子化、高齢化という現象が重なっており、多角的かつ長期的展望を持った対応が不可欠であると言わざるを得ない。

6-4 京都ならではの景観や町並み

京都の魅力の一つは三山に囲まれた山紫水明であり、その三山を市内のどこからでも眺望できる落ち着いた町並みと神社仏閣や町家をはじめとする落ち着いた建築物であろう。

自然との共生、生物多様性と言った理念が都市空間において、これほど違和感なく維持されている都市は数少ない。いわゆる緑視率や公園面積だけで考えると、京都は必ずしも自然や緑が豊かな都市ではないようだが、まちの佇まいがそう感じさせるのであろうし、伝統的な文化芸術、工芸も、豊かな自然の恵みの中から登場して来たと言えるのではないだろうか。

こうした状況は先人たちの並々ならぬ努力の賜物であることは当然であるが、最大の要因は、京都が太平洋戦争において本格的な空襲を、偶然に免れたということに他ならない。京都は古くから災害に見舞われて来なかったから、都として繁栄したという趣旨の意見を時々耳にするが、それは大きな誤解であると言わざるを得ない。

大規模災害への備えと古い町並み

京都も、大規模な空襲を除けば、地震、大火、戦乱、疫病など、都市の機能が完全に麻痺するような事態に、他都市同様、数知れず遭遇しているのである。

しかも、古い町並みは必ずしも災害への備えという点では強みではない。都心部を中心とする細街路や路地には、消防車をはじめ緊急自動車が入れない地域がある。老朽建物が倒壊した場合の道路の封鎖なども想定できる。

近年、そうした細街路や市内密集地対策に本腰が入れられているが、大規模災害への備えと言う意味では、まだ取組が緒についたばかりである。特に、こうした地域では、一般に高齢化や人口減少が同時進行している場合が多く、その結果、地域コミュニティも弱体化している可能性がある。

また、町並みが大きく変わる原因として考えられるのは、地域を代表するような大規模な商家が、その殆どが呉服関係などの伝統産業であるが、店をたたんで跡に大規模な集合住宅が建つケースであり、新しい住民に地域コミュニティの一員となってもらう働きかけが重要であるが、現実には厳しい状況がある。

教訓とすべき民泊問題

新型コロナ禍による観光客の減少によって、すっかり影を潜めてしまったが、いわゆる民泊問題は、違法な営業形態として到底看過できるものではない。まさに、現在の法令によって、本当に京都の町並みが守れるのか、緊急に検証しなければ手遅れになってしまう課題であり、重要な教訓として留めておく必要があるだろう。従来の町家の風情を生かしながら再生しようとする業者も少なくはないが、こうした流入資本の中には、京都の観光を単にビジネスのターゲットとしか考えていない業者も紛れ込んでいるかも知れない。インバウンド事業を含めた京都市の観光の在り方に大きな見直しが余儀なくされるもと、京都の魅力ある資源が、一時的な金儲けの材料にされ、結果として踏み荒らされるだけで終わらないよう、市民ぐるみで見極めることが重要である。

京都らしさを維持するための様々な規制

かつて京都市は、景観政策の象徴として建築物の高さ規制を実施した。即ち、市内中心部のいわゆる「田の字」地区については、高さ15メートルという厳しい制限を行い、周辺部についても従前の４５メートルから３１メートルに変更したのである。しかし、規制以前に出来た建物は、今後数十年、そのまま残る訳で、京都らしい町並みと言う点では残念な状況を残したままと言うことになるし、高さ以外にも、まちの風情を維持するための対策は、今後とも最善を尽くしていく必要がある。

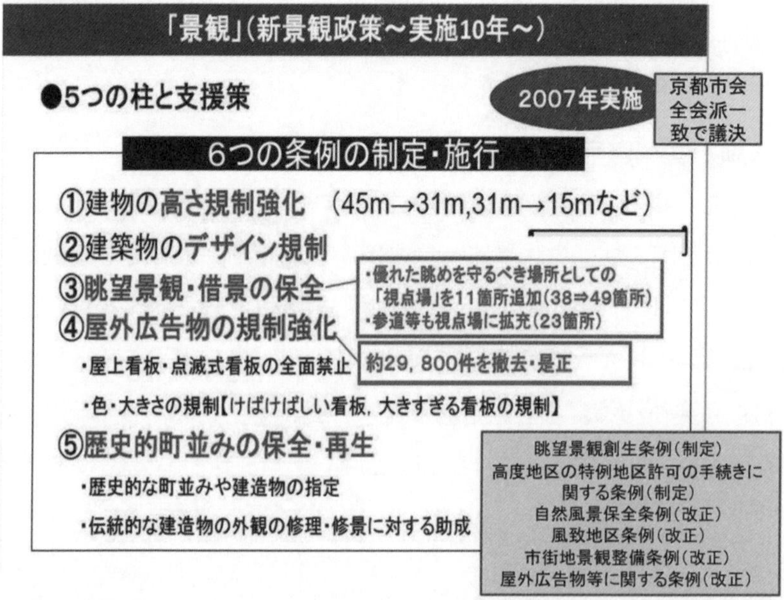

全国の大都市で、これほど厳しい高さ制限を行っている都市はないが、加えて景観保全のため、眺望景観という観点で境内や通り、水辺などからの景観を規制するため、市内49か所、延べ70か所以上の測定地点を設け、周囲の三山などが見渡せるよう規制を加えている。

京都市の眺望景観への規制

眺めの種類	保全すべき眺望景観・借景	保全区域		
		眺望空間	近景	遠景
境内の眺め ＜２７箇所＞	（1）賀茂別雷神社（上賀茂神社），（2）賀茂御祖神社（下鴨神社）， （3）教王護国寺（東寺），（5）醍醐寺，（6）仁和寺，（7）高山寺， （8）西芳寺，（9）天龍寺，（10）鹿苑寺（金閣寺），（12）龍安寺， （13）本願寺（西本願寺），（14）二条城，（15）京都御苑， （17）桂離宮，（18）北野天満宮，（19）知恩院，（20）建仁寺， （21）東福寺，（22）南禅寺，（23）大徳寺，（24）妙心寺， （25）相国寺，（26）真宗本廟（東本願寺），（27）平安神宮		○	
	（4）清水寺，（11）慈照寺（銀閣寺），（16）修学院離宮		○	○
境内地周辺の 眺め＜２３箇所＞	上記の【境内地周辺＜２７箇所＞の眺め】の対象のうち， （7）高山寺，（8）西芳寺，（16）修学院離宮，（20）建仁寺 を除く社寺等		○	
通りの眺め ＜４箇所＞	（28）御池通，（29）四条通，（30）五条通， （31）産寧坂伝統的建造物群保存地区内の通り		○	
水辺の眺め ＜２箇所＞	（32）濠川・宇治川派流，（33）疏水		○	
庭園からの眺め ＜２箇所＞	（34）円通寺	○	○	○
	（35）渉成園		○	
山並みへの眺め ＜３箇所＞	（36）賀茂川右岸からの東山，（37）賀茂川両岸からの北山， （38）桂川左岸からの西山		○	
「しるし」への 眺め ＜８箇所＞	（39）賀茂川右岸からの「大文字」，（40）高野川左岸からの「法」， （41）北山通からの「妙」，（42）賀茂川左岸からの「船」， （43）桂川左岸からの「鳥居」， （45）船岡山公園からの「大文字」，「妙」，「法」，「船」，「左大文字」	○	○	○
	（44）西大路通からの「左大文字」	○	○	
	（46）八坂通からの「法観寺五重塔（八坂ノ塔）」		○	
見晴らしの眺め ＜２箇所＞	（47）鴨川に架かる橋からの鴨川，（48）渡月橋下流からの嵐山一帯		○	
見下ろしの眺め ＜１箇所＞	（49）大文字山からの市街地		○	○

【凡例（上記表の保全区域）】
眺望空間：眺望空間保全区域　近景：近景デザイン保全区域　遠景：遠景デザイン保全区域

屋外広告物に対する徹底した規制

京都御苑には迎賓館があるが、ここの庭からは、迎賓館の建物以外、人工的な構築物は何も目に入らないことが、周囲を高層ビルに囲まれ見降ろされている赤坂の迎賓館との最大の違いなのである。

屋外広告物規制については、ビルの屋上に設置された広告物や、ビルから出っ張った看板、さらにはネオンサインやケバケバしい色彩の広告物は、ビルの管理者や広告主の責任で撤去されている。

実は、この条例が制定された時点で、市内の広告物の４分の３以上が一挙に違反状態になってしまった。関係者のご理解とご尽力で、着実な成果を上げており、現在は95％以上の広告物が適正化されているが、将来的には、建物の高さ規制と同様に、京都市内一円を画一的な基準で規制すべきかどうか、見直しを行う必要があるだろう。

屋外広告物の適正化

○屋上看板，点滅看板を一律禁止するなど 厳しい条例改正（平成19年）と厳格な運用
- 違反状態の解消に向けた体制の抜本的な強化（最大で110人体制（平成26年度））
- 市内全域約4万5千件の建物の広告物を徹底調査
- 市民・事業者の協力と措置命令等の厳格な指導

○適正化率は30％（推計）から94％へ劇的に向上

提供：京都新聞社

平成19年

平成30年

屋外広告物に関しては、経済活動における課題も指摘される。祇園祭の山鉾巡行における四条通の様子を広告物条例以前と現在と比較した写真は、景観において、広告物規制がいかに大きな効果をもたらすか明瞭に示しているが、例えば買い物客からすれば、あとどのくらい歩けば、目的の店に着くのか、デパートはどの辺りか、向かっているビルが道路のどちら側なのか、探すのには極めて不便である。

また、限られた空間を有効に活用する上で、高層化が経済的には効率的であることは言うまでもない。

景観保全や屋外広告物の規制は、このように、通常の経済活動や商売とは、必ずしも整合しない対立関係になり得る。つまり、高さ規制とも共通する課題だが、一定の経済活動を犠牲にしてでも景観を守るのか、という是非の選択が付きまとう訳である。

重要な地域コミュニティの質

同時に、そうした町並みを考える際に、どのような住民が集い、コミュニティが形成されるのか、という問題こそ重要になる。既に祇園祭の鉾町では、従来の町衆と呼ばれた住民が転出したり減少したりした地域において、新しいマンション住人が、山や鉾の担い手となる活動が広がっている。

代々引き継いできた住民との協力や信頼、合意をいかに構築するかと言う課題も常に大きくのしかかるが、まさに京都の伝統の力と地域の力が重なった形が実現することを期待している。

京都市では、全国でも先駆的な「地域コミュニティ活性化推進条例」によって、大型集合住宅を建築する施工者に、地元自治会と事前に協議するよう勧めるなど、地域のコミュニティづくりに配慮している。その結果、マンションや分譲住宅への入居の条件として、自治会に加入することを明記する例も出て来てはいるが、基本的に強制力はない取組であり、現実の運用も決して十分とは言えず、絶対的な効果は期待できない。

また、仮に入居時に自治会に加入したとしても、継続的な関係や交流が成り立つような地域のイベントの充実や見直しなど、日常的な活動が不可欠であることは言うまでもない。それは地蔵盆や神社の祭礼など学区コミュニティと異なる集団においても同様である。

本論から離れるので、簡単にしか触れられないが、こうした地域の繋がりのカギは、筆者は子どもだと考えている。子どもがいる家庭については、公立の学校であれば、小・中学校から子どもを通じて地域の情報を提供できるし、私立学校や幼稚園、保育園であっても、自治会に加入したり、地域の活動に参加することを呼びかける協力は可能な範囲でお願いできるのではないだろうか。

統合された学校の有効活用

その点で大きな課題となったのが、市内の人口ドーナツ化によって子どもの数が激減した、旧「番組小学校」への対応であった。

明治２年に、現在の市内中心部に誕生した64の「番組小学校」については、昭和の末から平成以降、人口のいわゆるドーナツ化現象に伴って児童数が減少して学校統合が進み、今も学校として残っているのは十数校となっている。その経過については、紙数に限りがあり、ここでは論じられないが、先に述べた通り、地域の拠点として重要な役割を担ってきた学校であり、たとえ学校教育施設として直接の役割を終えたとしても、地域コミュニティの拠点として、依然、必要な場所であった。

同時に、学校統合によって閉校になった場合の跡地活用については当初から、全市的な施設として活用する場合、地域密着型の施設として活用する場合、さらに現時点では用途を特定せず将来のために留保しておく場合と大きく三種類に区別して検討を行い、京都芸術センター、京都国際マンガミュージアム、京都市学校歴史博物館といった、今日、京都を代表する人気施設に模様替えすることができたし、総合支援学校や市民ボランティアセンターといった市民ニーズに応じた施設として、有効に活用されている。また児童館、図書館、福祉施設など地域に根差した施設に転用されたケースもある。

(令和2年4月現在)

近年では、大学やホテルとしての活用も進めているのだが、共通しているのは、基本的に、地元住民用の会議室が設けられ、区民運動会や夏祭りが開催できる運動場が確保されていることである。つまり、学校そのものはなくなっても、学区コミュニティとして住民自治組織や消防団などの拠点であり続け、その結果、災害時においても地域の拠点ともなり得る施設として引き続き存続しているのである。

これも、都市の限られた財産の再生という点で、まさしくレジリエンスにつながる取組であることは、ご理解いただけるであろう。

空き家の増加への対応

加えて、近年、世帯人数の減少が進むもとで、高齢化が原因となって、一人住まいの独居老人の住居が空き家となり、放置される事例が増加している。これは住居だけでなく、山林などでも言えることで、土砂崩落等があった場合に、原因を突き止めようにも、そもそも土地の所有者が判らなかったり、多人数で相続されたりしていて、実際の権利者に行きつかない場合も多い。

空き家の発生そのものは、もちろん都心部に新たに活用できるスペースが誕生したことをも意味しており、現に、東山区の「あじき路地」のように、かつての長屋式住宅を芸術家や留学生の住居や活動拠点として活用する取組が広がっている。しかし、そうした活用を図るためにも、交渉相手が確定しなければならないが、放置と言っても、居住されていないだけで、所有者が判っているならいざ知らず、最近では、相続者もはっきりしなかったり、また遠隔地に住んでいて、現地を訪れたこともなかったり、という例も増えている。

そうした多様な課題を同時に解決していくためには、所有者だけでなく、建築業者、不動産業者、税理士・行政書士など、それぞれの専門的知識や情報を融合することが必要であろう。

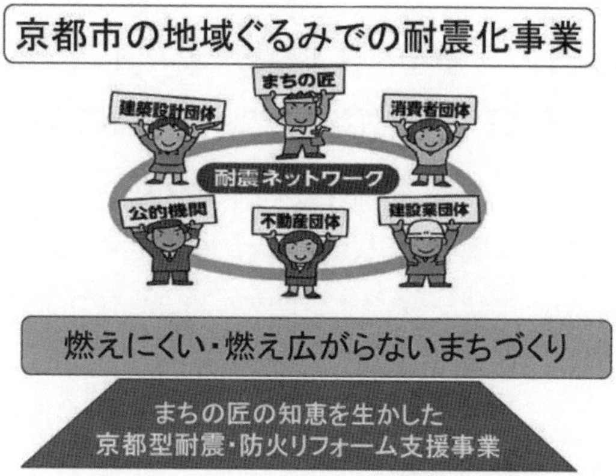

いずれにせよ、空き家の増加は、深刻な課題であることは当然であるが、街中に有効な活用スペースが誕生するという意味での可能性を併せ持った現象であることには間違いない。

しかし、総合的に見た時に、建物の老朽化や地域の空白化は、災害への備えとしては、大きな課題となる。そこに、地域コミュニティの弱体化が重なると、防犯上も深刻な課題となることは必定である。先に述べた違法民泊などが付け込む余地が生まれていることも否定できないし、我が国では今のところ、さほど深刻な危機として捉えられていないが、テロの温床として、利用されてしまうリスクについても踏まえておく必要があるだろう。また水面下で進行していると言われる海外資本による不動産取得についても、何らかの対処や最小限の規制が求められている。

6-5 市民生活における安全の確保

災害への備えと共に、安全な暮らしのために不可欠なのが、防犯である。京都市内の犯罪の認知件数は、この20年ほどで目覚ましく改善し、最多時期の三分の一にまで減少している。特に、先に述べた、区行政と警察行政の一体化を進め、「世界一安心・安全・おもてなしのまち京都」の市民ぐるみの活動を展開する中で、地域での防犯意識も大きく向上している。

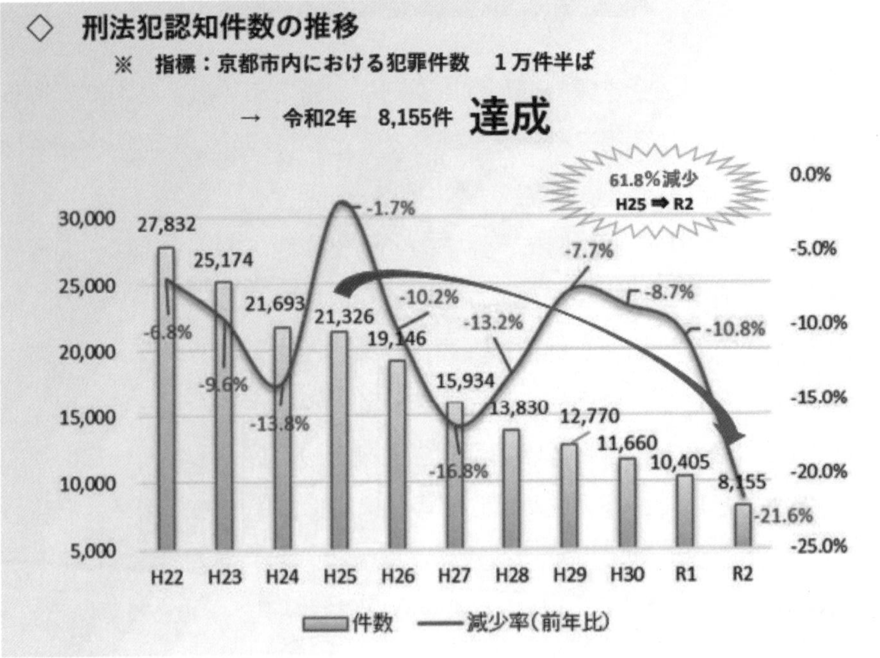

しかし、一方で、インターネットやスマホ等の急速な普及のもとでも少年犯罪、高齢者を狙った特殊詐欺などは、底打ち状態ないし増加傾向を示しており、予断を許さない状況が続いている。加えて、今後の課題としては、外国人観光客の増加に伴う新たな犯罪、テロ事案、またサイバー攻撃テロも視野に入れておく必要があろう。

京都は世界から注目を集める観光都市であるが、それゆえ様々なテロなどの標的にされるリスクも負っていると考えなければならない。京都の安全がこれまで基本的に保たれてきたのは、先人の弛まぬ努力の賜物であることは否定しないが、先に述べた通り太平洋戦争での空襲を免れたことを含め、いわば偶然の結果として保たれてきた部分も決して少なくない。

警察行政と市としての連携

少々話がそれるが、実は、政令指定都市における警察行政の難しさは、警察行政が府県行政だと言うことである。警察行政は、例えば京都市でも市民生活の基盤となる行政区と警察の所管エリアは必ずしも一致していなかった。しかし、数年前から府警本部の尽力や府市協調の気運の高まりの中で、行政区と警察署のエリアを一致させる方向で改革が進められてきた。

例えば、右京区のほぼ全域を所管している警察は太秦署、西京区は桂署であったし、中立売署、堀川署、五条署など、行政区をまたがって所管する警察署も存在していたのだが、現在は、右京署、西京署、中京署など行政区と一致した組織となりつつある。残念ながら左京区と伏見区については、まだ行政区と警察署の所管が整合できていないが、それ以外の9行政区については、区役所と警察署の連携が進めやすくなっている。

警察署の管轄区域図（京都市域）

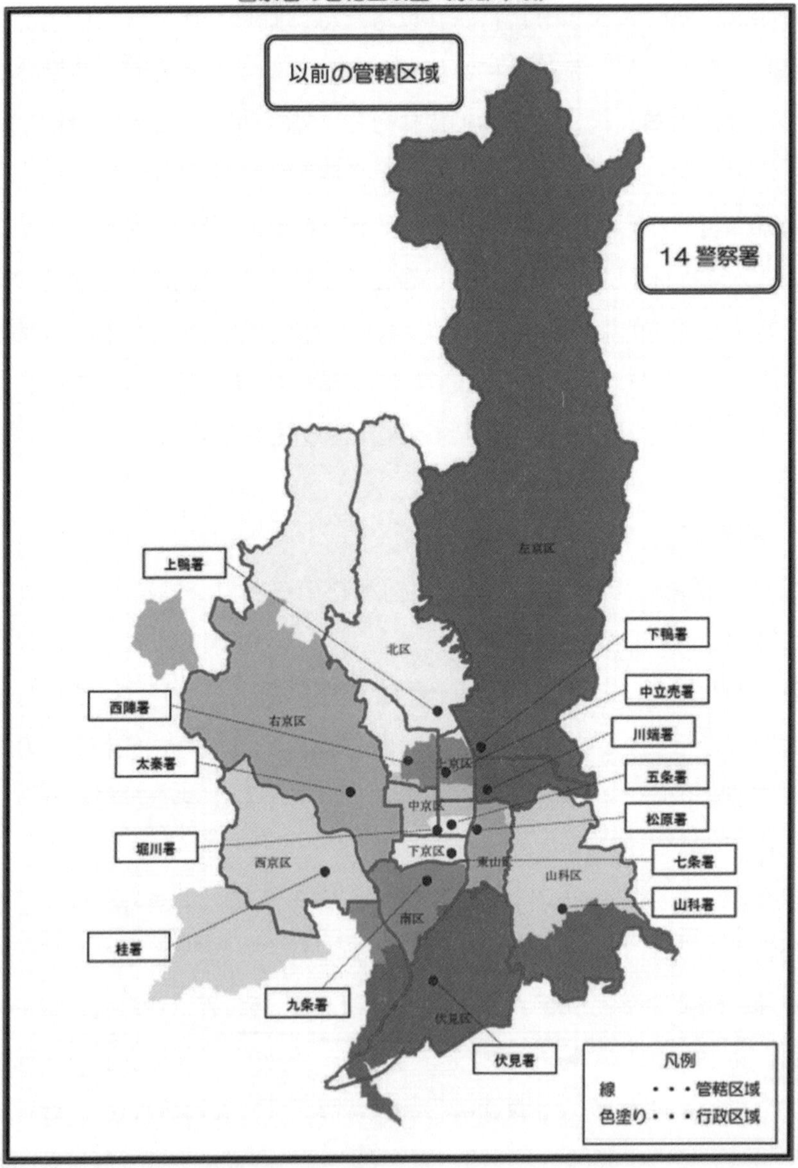

警察署の管轄区域図（京都市域）

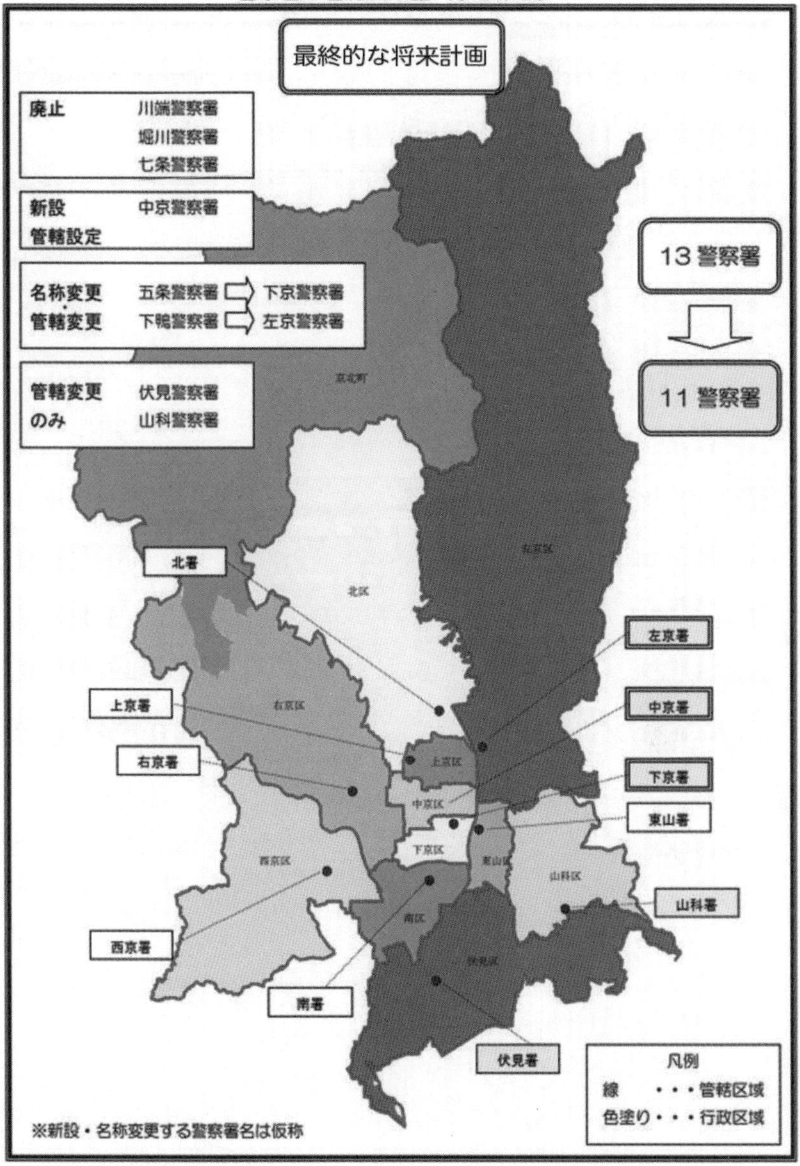

（出典：京都府警察ホームページ「警察署等の再編整備実施状況」）

このように、地域の防犯を考える上で、警察との連携は不可欠であるが、警察署の出先機関としての地域住民との窓口である警察官派出所、つまり交番は、山間部等を除いて、地域のコミュニティ＝学区と殆ど無関係に配置されている。世界一安心・安全、おもてなしのまちづくりに向けた今後の課題として、交番の所管エリアの検討など地域防犯の充実を提案しておきたい。

北　署（2007年　「上鴨署」から名称変更）
左京署（将来的には、「下鴨署」と「川端署」を統合し、「左京署」とする計画）
上京署（2007年　「西陣署」と「中立売署」が統合）
中京署（2012年　「堀川署」から下京署管内と分離して独立）
下京署（2012年　「五条署」と「七条署」が統合）
東山署（2005年　「松原署」から名称変更）
南　署（2006年　「九条署」から名称変更）
山科署（山科区全域及び、伏見区醍醐支所管内を所管）
右京署（2005年　「太秦署」から一部所管替えを行い名称変更）
西京署（2005年　「桂署」から一部所管替えを行い名称変更）
伏見署　（醍醐支所管内を除く伏見区全域を所管）

住んで良し、育って良しのまち

「訪れて良し」という京都のまちへの評価は大切だが、それ以上に大事にしたいのは、「住んで良し」であり、「育って良し」という評価であろう。もちろん、「学んで良し」、「働いて良し」など、様々な場面で評価されることは喜ばしいのだが、「訪れて良し」で終わってしまう薄っぺらな都市であってはならない。その意味でも、安全は非常に重要な要素である。

加えて、「日本に京都があって良かった」という、毎回、美しい写真のポスターが人気を博しているが、「日本に京都があって良かった」と感じる主語は、果たして誰だろうか。筆者は、このキャッチフレーズには、「〜と、全国、全世界から評価してもらえることを目指して」という趣旨が伴わなければならないと感じている。もちろん、京都に住む人が、自らのまちを誇りに感じ、その魅力を維持発展させるために最善を尽くすことが重要であることは言うまでもない。

その意味でも、住み心地の良いまちである必須の条件として、災害に限らず、犯罪や事故に対しても、まちの安全が重要なのである。

6-6 環境先進都市としての世界への発信

京都の知名度を近年、世界に拡げたものは、間違いなく京都議定書であろう。海外で、京都から来たと自己紹介すると、多くの場合、観光都市、歴史都市として、京都のことを知っていて、一種の敬意を持って親しく挨拶をしてもらえるのだが、それ以外に返ってくる言葉は、「KYOTO PROTOCOL（京都議定書）」と言う言葉である。まさに環境都市としての京都が世界から認められている。

＜1997 気候変動枠組条約第３回締約国会議（COP3）＞

持続可能な都市宣言

その京都市が、パリ協定の推進も視野に入れて、2017年12月に「持続可能な都市宣言」を発表した。この宣言を実践することは、単に環境問題のみならず、市民のライフスタイルの転換を含めて、地域の在り方、社会の在り方そのものを変えていく必要があることを意味している。

宣言においては2050年における世界の都市のあるべき姿として、「自然との共生が実現」、「市民の価値観やライフスタイルの転換」、「持続可能社会を構築する「担い手」の育成」、「気候変動による影響への適応策の進捗」、「循環型社会の構築」、「都市のエネルギー自治の実現」、「環境負荷の低減と利便性向上との両立」、「貧困や格差など社会問題の平和的解決に貢献」といった8項目を挙げている。

＜ 地球環境京都会議 2017 における「持続可能な都市宣言」(2017) ＞

これらの項目は、SDGs の理念とも合致しており、京都議定書の地に相応しい世界に向けた発信であったが、敢えて難点を言えば、そうしたSDGs やレジリエント・シティの取組との融合という視点が必ずしも前面に出ておらず、行政の縦割の域を越えていなかったことであった。

そのような反省から、既に述べたように、京都市のレジリエンス推進本部と SDGs、地方創生の取組を合体させた合同本部が発足し、レジリエント・シティの所管課が SDGs も併せて担当する形になったのであるから、結果オーライと言えるのかも知れない。

なお、環境問題との関係という意味では、京都府や京都市、京都商工会議所、環境省、総合地球環境学研究所などが一体となって、行っている「KYOTO地球環境の殿堂」という取組があるが、第9回（平成30年）に殿堂入りした一人が、先に紹介したローマクラブの「成長の限界」の中心的著者、デニス・メドウズ氏であるのは、決して偶然ではないだろう。

さらに2019年に京都で開催されたIPCC（国連気候変動に関する政府間パネル）における京都ガイドラインとして、気候変動を、工業化以降1.5℃以内の上昇に抑えることが宣言されたことも特筆に値するであろう。まさしく、2050年温室効果ガス排出量実質ゼロへの挑戦であり、国に先駆けて、環境先進都市・京都として重大な決意を発信したのである。

＜2017 地球環境の殿堂＞

こうした取組のバックボーンとして、文化・芸術を重視する視点、景観や町並みを保全する努力が存在していることは言うまでもない。

しかし、環境にやさしい社会は、行政がいくら発信しても、それだけで実現することではない。日常の市民生活において、環境負荷の削減がどの程度、実行されているか、たとえば家庭ゴミ減量がどの程度、削減されたかをデータでみると、京都市は2000年のピーク時の82万トンから、2019年には41万トンに減少しており、市民１人１日当たりの家庭ごみ量においても、政令指定都市平均：554グラム（2018年度）に対して、京都市は396グラム（2019年度）となっている。

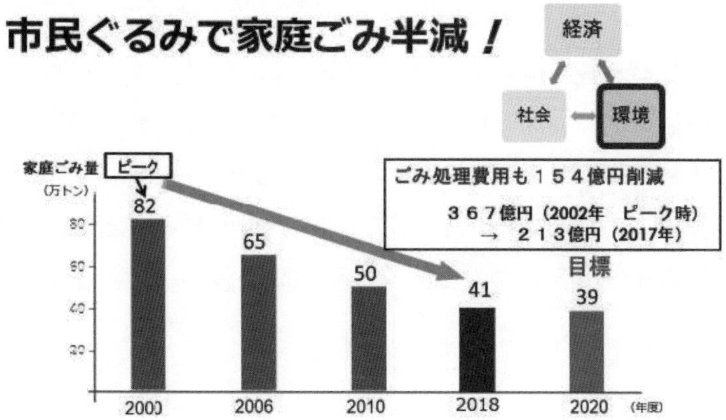

6-7　山紫水明のまちと自然への畏敬

さて、人類の歴史の中で、今日ほど、私たちの生活が自然と乖離してしまった時代はないと言って間違いない。

地球の歴史から考えれば、人類の出現そのものが、地球と言う環境の中での奇跡とも言うべき存在であるが、46億年と言われる地球の歴史の中で、僅か数十万年しか存在していない人類が、特に産業革命以降の数百年で地球環境をこれほど痛めつけていることは、まさに天に唾する行為以外の何物でもなかった。人間が、人類としての存在が、本来、自然や環境の一部であり、地球という存在なくしては有り得ないことを、私たちはどこに置き忘れてきたのだろうか。

「自然との共生」という言葉は、自然への畏敬であり感謝を意味していなければならない。自然の中で、人類が共生させてもらっていると言う認識こそ、レジリエンスの観点から重要であると言えよう。

その自然と人類としての存在という、本来一体であったものを、どのような距離感とバランスにおいて発展させるのか、それが文化の役割であり、文明との確執だったのではないだろうか。

自然災害に対する対応において、自然を支配することを目指すのか、自然の猛威を受け入れつつ、被害を最小限に食い止めることを心がけるのか、レジリエンスの視点では、正反対の答えが出てくるのである。

市の75%を森林が占める

京都は市の面積の75%が森林である。山紫水明の都である京都にとって、周囲の山林は貴重な財産であるが、近年、荒廃が著しい。その原因には、いわゆる獣害と言われる、シカ、イノシシ、サルによる場合も多いが、所有者が森林を手入れできず、放置してしてしまっていることが獣害を招いている場合も少なくない。

また松枯れ、楢枯れについても、原因は様々であろうが、ここ数年で被害が拡大しているように感じられるが、いずれにしても、林業の不振と深刻に関係していると言えそうである。

古くは平安京の造営を担い、その後も和の文化を支えてきた北山杉の磨き丸太をはじめ、材木の出荷高は、最盛期を大きく下回っているが、追い打ちをかけるのが価格の低迷である。友禅などの伝統工芸は、出荷量が落ち込んでも、単価は基本的に維持されている場合が多いようだが、海外の安価な材木と競合する林業は、単価においても大きく下がってしまい、まさにダブルパンチの状態が、既に数十年続いている。住宅事情を考えても、床の間のある、従来の木の文化を大切にした新築家屋は、果たしてどの程度の比率を占めているだろうか。

林業の後継者を確保し、育てる意味でも、需要の確保は必須の課題であるが、伝統的な生活様式が薄れ、和の文化が衰退していくもとで、新しい活路を見出すことが求められている。最近は新たな動きも起こっているようだが、今後の動向に期待したい。

先に述べたように、いかに景観を守っても、そこから見える周囲の山々が荒れていては魅力が半減してしまうし、河川の水が濁っていたりゴミだらけだったりでは困るのである。

それでも、京都御苑、二条城や神社仏閣をはじめとする豊かな自然に親しみ、周囲の三山の自然に囲まれ、市内を流れる水辺でくつろげる。そんな自然の恵みに感謝する中から、京都の文化や伝統の奥深さ、人々の安らぎが生まれてきたのである。

6-8 災害に強いまちと減災への備え

「強靭さ」と「しなやかな強さ」。基本的には同義語である。本来、レジリエンスを直訳した言葉としては、「強靭」が最もふさわしいのだが、近年の語感で考えると、強靭という言葉は、ややもすると専らハード面の強さ、堅牢さや頑強さを表現しているように受け取られがちであるようだ。

京都のまちは、言うまでもなく我が国の他の都市と同じように、地震、大火など数多くの災害に見舞われてきた。

地震に関しては、花折断層、樫原断層、黄檗断層などいつ発生してもおかしくない断層がいくつも走っている。しかも木造家屋が多いことを考えると、災害への備えは非常に重要である。

京都の町の中を歩くと、辻々に消火器や防火水槽などが設置されている。また自主防災会が各学区に組織され、消防団の組織率も大都市の中では非常に高い。

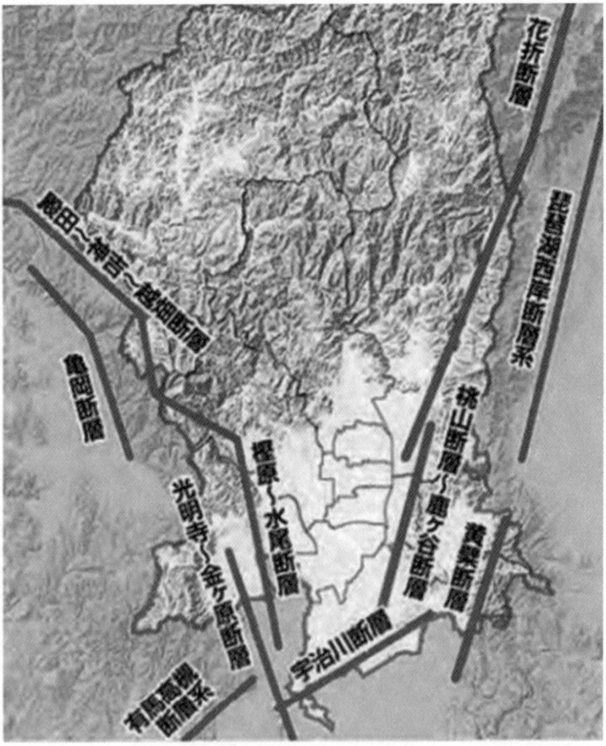

＜京都市を走る活断層＞

近い将来起こる大災害にどう備えるか

さて、災害への備えを考える時、一般に使われる言葉は「防災」であろう。しかし、災害を防ぐ、災害の発生を防ぐという考え方は、事故や火災などには適用できるだろうが、自然災害に限って言えば、いささか意味の通らない考えではないだろうか。

南海トラフ地震は、地震学者の先生方が口をそろえて発生すると言われているが、仮にそうだとして、では南海トラフに杭を打ち込んで未然に防ぐ、などと言うことは有り得ない。富士山の噴火、首都直下型地震など、これは人類の全く力の及ばない自然の営みである。したがって、「防災」という、災害を抑え込んで「防ぐ」などという表現は、あまりに僭越であろう。そこで、近年は「減災」と言う表現が登場し、防災と併記して用いられるケースが多い。国の懇談会も、「ナショナル・レジリエンス（防災・減災）懇談会」と表記されている。

災害に強いまちを目指すうえでは、確かに火災や事故など、人為的な要因が伴う災害への対応については予防を徹底する「防災」が重要であるが、こと自然災害に関しては、災害への備えを怠らないことは不可欠であるとしても、他方、災害は必ず起こる、つまり災害の発生そのものを防ぐことは不可能であることを前提に、「減災」、つまりひとたび災害が発生した際に、いかに被害を最小限に食い止めるかという視点も重要なのである。

特に、木造家屋や歴史的建造物が多く、細い路地や山路が入りくねった京都のまちは、ひとたび、火災や地震が起こった場合に、厳しい状況に直面せざるを得ない。しかし、だからと言って、古い家屋を撤去し、路地を拡げることは現実には出来ない以上、災害への備えを常に怠らず、特に、火災に関しても、火災そのものを発生させない注意喚起に重点を置いているし、企業や事業所、寺社等における自衛消防隊の組織や火災用の貯水槽の設置など、まずは自助、共助で災害対応を行う仕組みづくりを進めている。

そして、そこには地域コミュニティも原動力となって機能していることは言うまでもない。

（CROコラム４）

「復旧と復興」

災害への対応では、復旧と復興が、ほぼ同じ意味で用いられる場合がありますが、厳密には、復旧は元通りに戻すことを意味するのに対し、復興には、元の状態以上に活性化させる意味を含んでいるようです。

その意味でレジリエンスは、まさに「復興」を目指す理念です。

第7章

人口減少社会における
レジリエンス

御手洗祭　下鴨神社（7月）

7-1 来たるべき時代の人口減少予測と課題

さて、都市に忍び寄る危機は様々あるが、先進諸国の中で我が国が世界の先端を切って経験することになるのが、急激な人口減少社会であろう。

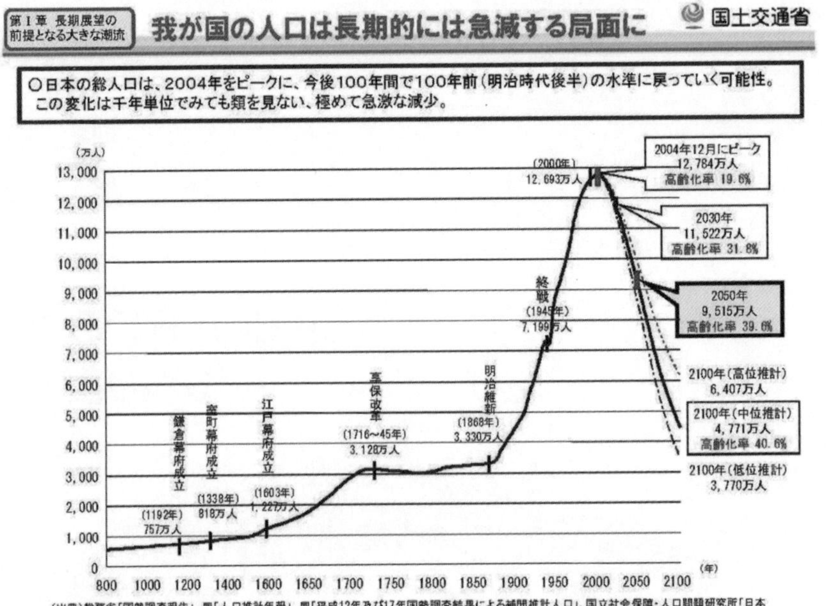

（出典）総務省「国勢調査報告」、同「人口推計年報」、同「平成12年及び17年国勢調査結果による補間推計人口」、国立社会保障・人口問題研究所「日本の将来推計人口（平成18年12月推計）」、国土庁「日本列島における人口分布の長期時系列分析」（1974年）をもとに、国土交通省国土計画局作成

東京一極集中が進む一方、地方の過疎化が深刻な問題になる中で、「地方消滅」と言う言葉が定着するまでになっている。最も具体的な数値は、2010年の国勢調査において、約1億2800万人と過去最高記録となった我が国の人口が、今後、急激な減少期を迎えることである。高度経済成長と共に進行した長寿化の中で、人口動態総体としては覆い尽くされていた少子化状況が、一挙に深刻な数字を伴って現れてきたわけである。

国の推計でも我が国の総人口は、2060年には8500万人、2100年には約4700万人前後、少なく見積もると約3800万人となっている。

人口増減に関してしばしば紹介されることだが、江戸時代には、日本の人口は殆ど３千万人あまりで変化していない。現実には、いわゆる「間引き」や「姥捨て」を、宿命的、慣習的に受け入れざるを得ないほど、人口を増加させるだけの食糧の確保や生産力の向上ができなかったということであろうし、社会衛生や小児医学の発展からも含めて、まさにマルサスの人口論を地で行く状況だったと言えよう。

人口動態以上に深刻な人口構成の変化

それはさておき、実は2100年に少なければ人口3800万人と言う数字そのものは、江戸時代後期や明治維新期の人口を上回っており、その意味では、明治以降の150年で実に３倍もの人口に増加した現象こそ、特筆すべきなのかも知れない。

しかし、その後の増加の過程で経験した1950年代後半の人口8500万人、つまり2060年の予測と同じ人口の際には、高齢化率はわずか５％であったことを考えると、これから日本社会が経験する人口減少、具体的には、高齢者以外の就労人口を含む年齢層での著しい人口減少や少子化という現象は、かつて経験したことのない厳しい事態である。わが国全体の人口動態がこうした状況となるもとで、京都においても、相当な人口減少を覚悟する必要がある。

長寿化が今後どの程度進むのか、医学の進歩も含めて人生100歳時代も遠くない将来実現する可能性も示唆されているが、少子化が当面、最大の社会問題であることに変わりはない。

しかし少なくとも、今後40〜50年先に、人口が今の３分の２程度に減少するという予測は、京都においても、そう大きな狂いはないと思っておいてよいだろう。

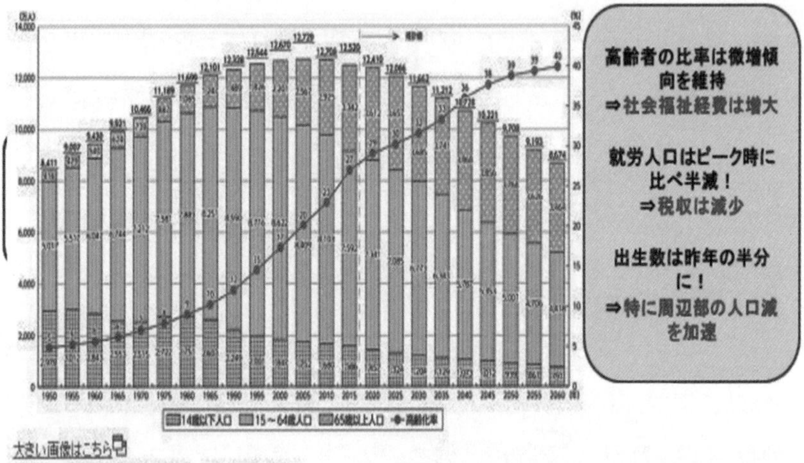

(出典)2015年までは総務省「国勢調査」(年齢不詳人口を除く)、
2020年以降は国立社会保障・人口問題研究所「日本の将来推計人口(平成24年1月推計)」(出生中位・死亡中位推計)

総務省情報通信白書（平成２８年版）に一部加筆

少子化が社会に及ぼす影響

こうした超高齢化、また少子化に伴う人口減少が社会に及ぼす影響は極めて大きい。

地域活動の担い手の不足、就労人口の減少、伝統文化や芸術の後継者不足、農林業のみならずあらゆる産業での担い手不足、さらに人口減少に比例して必然となる自治体職員の削減の中には、当然ながら消防、警察など防災や安全に不可欠な部署も含まれる。

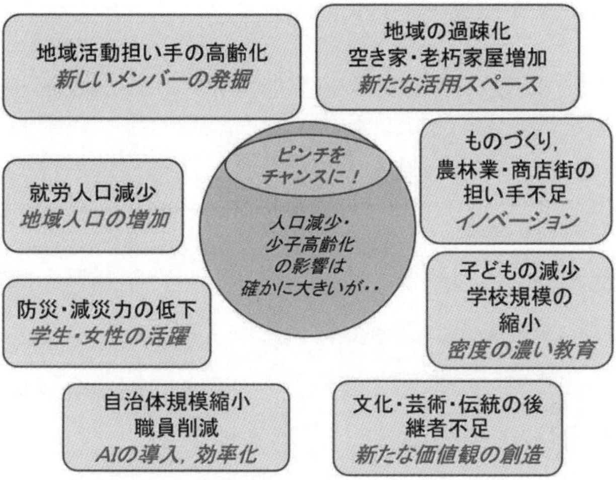

＜人口減少で懸念される様々な影響＞

また、空き家やシャッター商店街なども増加すると予想される。これらの状況は、しっかり目を向けなければならない現実ではあるが、決して否定的な側面ばかりではない。空き家が増加することは、空き家の新たな活用の可能性を生み出すであろうし、地域活動の担い手不足は、例えば高齢者も生き生きと活動できるよう、健康寿命の延長を含む健康長寿という観点から見直していく絶好の機会と捉えることもできる。さらには子育て層や学生などが主体的に参加しやすい仕組みづくりを取り入れるなど、旧態依然となりがちな地域活動の在り方そのものを見直す契機になるかも知れない。つまり、レジリエンスの中に含まれる「ピンチはチャンス」と言う考え方を大胆に取り入れることが試されるのである。

こうした課題については、既に2017年に経産省の若手官僚による自主的なプロジェクトによって、「不安な個人、立ちすくむ国家」という提言が出されている。まさに国家の中枢で我が国の行く末に志高く立ち向かって行こうとする気概に溢れた著作である。

ここでは、人口減少だけではなく、超高齢社会の到来、モデルなき先行き不透明な時代を前に、このままでは社会が「液状化する」と危機意識を喚起しつつ、いかに前向きに対処していくか、様々な思い切った問題提起が行われている。

例えば、高齢者、とりわけ企業をリタイアした高齢者の増加を、企業型人間が地域に戻るチャンスと受け止め、また子どもや若者を、高齢者を含む社会全体で支える取組を進めるチャンスと捉えるなど、賛否両論は当然あるだろうが、鋭い指摘に溢れている。

少なくとも、昭和期の人生60年から70年時代の社会をモデルとした施策が、人生100年時代に通用する筈がないことを、まず国の中央が実証しなければ、国家としてのレジリエンスが機能していないことは間違いない。

経済産業省若手プロジェクトの提言から

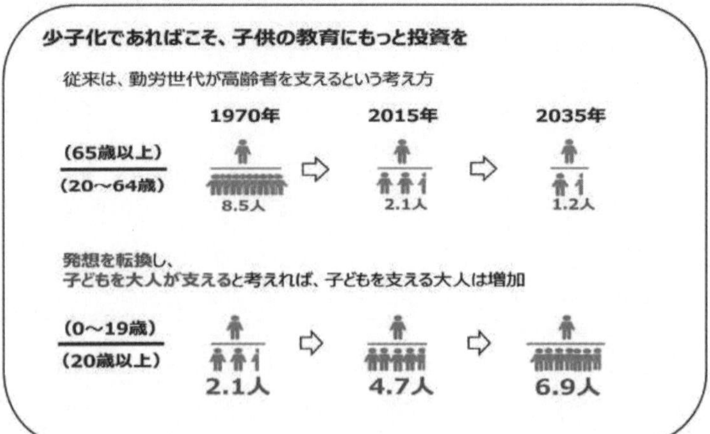
少子化であればこそ、子供の教育にもっと投資を
従来は、勤労世代が高齢者を支えるという考え方
1970年
2015年
2035年
(65歳以上)
(20～64歳)
8.5人
2.1人
1.2人
発想を転換し、
子どもを大人が支えると考えれば、子どもを支える大人は増加
(0～19歳)
(20歳以上)
2.1人
4.7人
6.9人

7-2 人口減少をどのように受け止めるか

ここで確認すべきことは、人口減少を回避することに焦点を当て過ぎることである。つまり、人口減少しても生き生きと暮らせるまちと言う観点を後回しにしてはならないのである。

都市が持続するために、人口が減少し続けることは深刻な事態であり、著しい人口減少を食い止めるための方策や努力は続けられるべきであろう。しかし、我が国全体として経験したことのない人口減少時代を迎え、「地方消滅」が現実の課題として問題提起されている今、京都だけが人口を維持することを望む姿勢は、いささか無理があろう。

何故なら、京都の人口増加だけを考えている限り、いわゆる東京一極集中と同じように、京都が周辺自治体の人口流入を一人占めすることを目指すことになってしまうからである。仮に、そのような現象が起これば、京都市の人口が増えたとしても、その結果市内中心部で人口が維持、増加する一方、周辺部の過疎化が益々進むことは容易に想像できる。

出生率向上が課題解決のカギ

周辺部からの人口流入に頼らず、人口を維持する方法は、外国からの移民を除けば、出生率の上昇以外にない。これは、到底、一自治体で解決できる問題ではないが、著しい人口減少が限りなく続くことは、100年、200年の単位で見ると、大げさに聞こえるかも知れないが、まさしく国家存亡の危機に他ならない。

こうした事態を回避するには、合計特殊出生率を向上させる以外に方策はない。国家の持続可能性という意味での、何よりも優先される筈の戦略なのだが、人口減少の度合いを緩やかにするため、当面の目標として希望出生率1.8の実現が掲げられているものの、それさえも実現への道のりは極めて厳しいと言わざるを得ない。

人口が減少しても豊かに安全に暮らせる社会

従って、今後、私たちが進めるべき施策においては、人口が大幅に減少することは現実の問題として真正面から受け止めたうえで、人口が減少しても人々が生き生きと心豊かに、そして安全に暮らし、育ち、活動できる社会の実現を目指すことになる。とは言え、この目標は、戦後の高度経済成長期以降、右肩上がりの発展に浸ってきた私たちに、その価値観を根底から覆すような転換を求めることになろう。

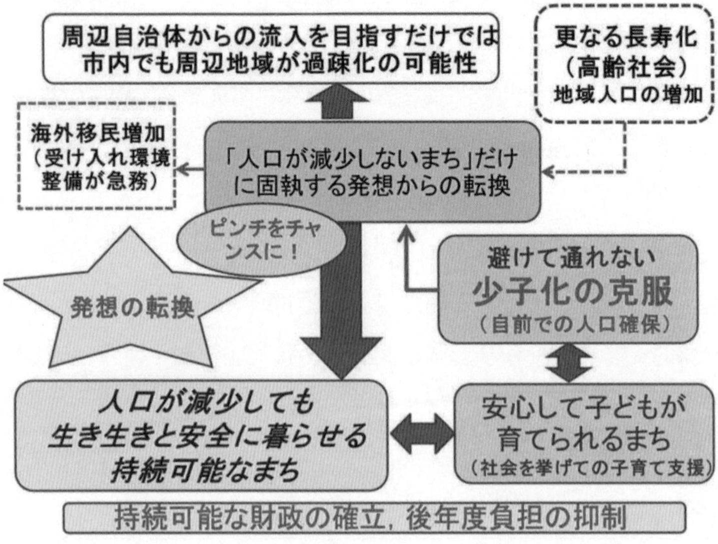

とは言え、人口減少を悲観的要素だけで捉えることは妥当ではない。レジリエンスの概念に「ピンチはチャンス」という意味が含まれていることは先にも述べたが、人口が減少しても人々が豊かに安全に暮らし活動できる社会の在り方を、一人一人が当事者となって模索していくことが求められる。

なぜなら、「レジリエントな社会」とは、その社会を構成する人も団体も企業も行政も、レジリエントであることを意味するからである。同時に、もう一つ重要なことは、第12章でも触れるが、レジリエントな社会は、決して口を開けて待っていても到来するものではなく、その社会を実現するために実践努力をしていく過程で、その社会に相応しい人間が育つ、つまり、レジリエントな社会を作る努力をすることで、自分もレジリエントな構成員に育っていけるということなのである。

7-3 少子化への本腰での対応

さて少子化を論じる際、最もよく使われるキーワードは先に触れた「合計特殊出生率」である。一人の女性が生涯に授かる子どもの数を表すこの数字は、当然のことながら基本的に2以上でなければ人口が減少する。

先にも触れたように、出生率の低下が始まったのは1949年であり、若干の上下はありつつ、戦後70年あまりにわたって、我が国の出生率は減少の一途を辿ってきたが、1960年代の半ばまでは、出生率は2.0を維持していた。しかし、その後、2.0を割り込んだまま減少傾向を続け、その経過において、1.57ショックと言われる危機感も提示されたが、率直なところ、これという抜本的な対応策は施されることはなく、近年は1.2から1.4程度で推移している。

一年間に出生した子どもの数が、近年初めて100万人を割り込んだのは2016年であったが、2060年には、一年間に生まれる子どもの数は約48万人と推計されている。

一見驚くべき数字であるが、近年の出生率が1.4以下ということは、出生数が0.7倍に減少していくことを意味しており、さらに次の世代になれば、0.7の二乗の0.5倍以下に減少することは自明の理でもある。

ついでながら、この計算を何世代も繰り返していけば、出生数が減り続け、その結果、西暦2500年くらいには日本の総人口は10人余りという笑い話にもならない推計が理論的には成り立つのである。

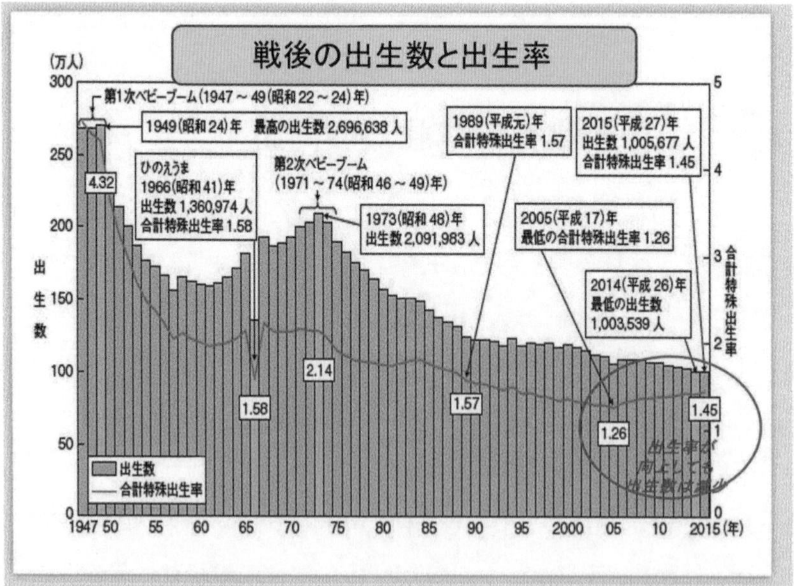

資料：厚生労働省「人口動態統計」

京都市においても深刻な少子化

このように「出生率」に一喜一憂している間に、見落としがちなのは、子どもを出産する対象となる女性の人口、即ち出生率の母数となる女性の人口が、今後大きく減り、結果として「出生数」に大きく影響することであるという点である。

京都市においても、人口ピラミッドから見える実態は、極めて厳しいものと言わざるを得ない。出産対象の女性を25歳から44歳と仮に設定した場合であるが、平成27年、この20年間の階層に約19万人の女性が分布している。ところが、同じ20年間の階層で、0歳から19歳の女性は、約11万5千人、実に、25歳から44歳に対して6割強しかいない。

社会増減を考慮しない場合ではあるが、もし出生率が変わらなければ、25年後に京都で生まれてくる子どもは、現在の約1万1千人に対して、約6800人にまで減少する。しかも、それはそれ以降の減少傾向の途中経過でしかないのである。因みに、現在と同じ1万1千人の出生数を維持するためには出生率は25年後に計算上2.2以上に上昇している必要がある。

京都市でも出産対象年齢の女性人口が著しく減少

京都市 の人口ピラミッド 2015年
□を独自集計、「日本の地域別将来推計人口（平成25年3月推計）」（国立社会保障・人口問題研究所）

189,549
61%
115,674

出生率が同じなら、25年後の出生数は、今の6割に減少する！

■男性　■女性

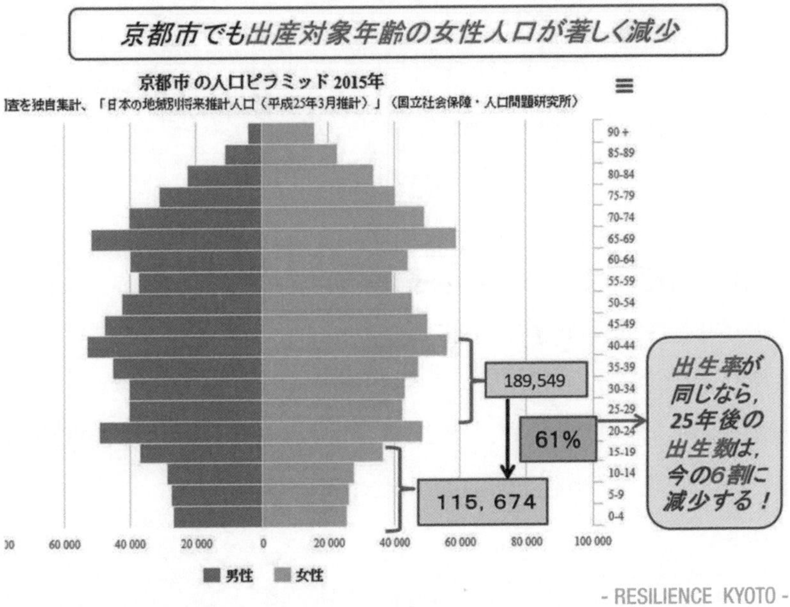

このような、女性の人口そのもの減少に加えて、社会情勢として留意すべきは未婚率の上昇である。既に晩婚化や初産の高齢化は指摘されているが、未婚率の上昇は、結婚を前提とした出産という考え方に立つ限り、出生率の母数となる女性の人口が事実上割り引かれることにも繋がり、益々多様化する価値観のもとで将来の出生数の確保と言う視点では極めて厳しい現実と言わざるを得ない。

京都市の人口予測

- 出生率が現状のままで推移すれば
- 甘く見積もっても, 2060年・・・111万人,
- 2080年・・・90万人弱（場合によっては80万人弱）

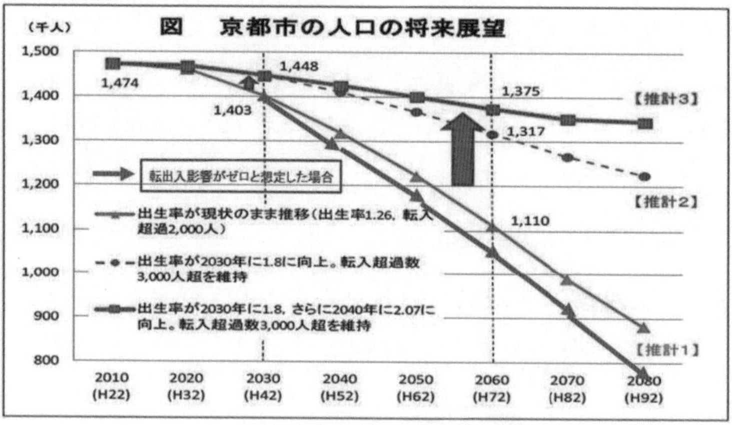

＜京都市作成資料に筆者が加筆＞

韓国、中国等でも深刻な少子化

こうした出生率の低下は、日本だけのことではない。実は世界で最も出生率が低いのは韓国で、実に1.0を下回る年も出ているほどである。シンガポールも同様に低いが、かつて、高度経済成長時代に、家族の理想

像として、「子どもは二人まで」というスローガンを国家として掲げたことが、大きく影響しているのだろう。さらに中国の一人っ子政策も、既に軌道修正されているが、何十年か先に深刻な問題として様々な形で露呈してくることは想像に難くない。

わが国でも、核家族の進行とともに、少子化が進んできたと言える。かつてのような子どもが５人、6人いて当たり前というのは、祖父母や親せきも含めて大家族が形成されている中でこそ可能だったと言えるかも知れない。

晩婚化、未婚化を前提とした施策が必要

同時に、我が国のデータで見る限り、女性の社会進出、高学歴化と共に、晩婚化、未婚化が進み、初産も遅くなったことは、少子化に少なからぬ影響を与えていることは否定できない。ここで、我が国のデータで見る限りと断ったのは、欧米では、女性の社会進出による経済的自立によって、逆に出生率が上がっている事例も存在しているからである。

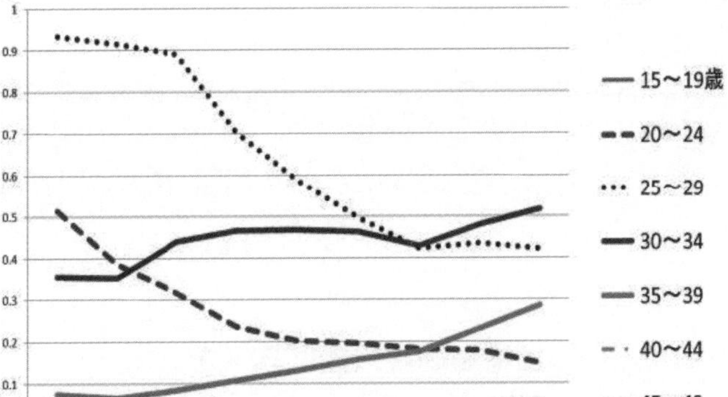

<京都市における出世率の年齢別推移>

因みに京都市での年齢別出生率を見ると、昭和50年との比較では、20代の女性の出生率が著しく減少しているのに対して、30代の女性ではむしろ大きく増加している。

一方、未婚率については、全国データになるが、1970年代から2000年までは、約４％前後で推移しつつ微増であったものが、現在は18%と４倍以上になっている。なお、男性については、未婚率は25% を既に超えている。

価値観の多様化が進み、結婚だけが人生ではないという状況になっていることは言うまでもない。しかし、結婚を希望しているのに、結婚できていない状況も広がっていると言えよう。

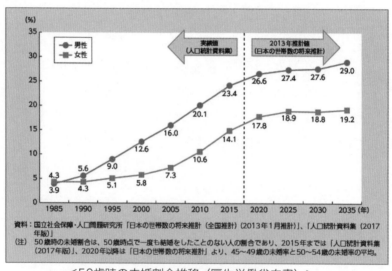

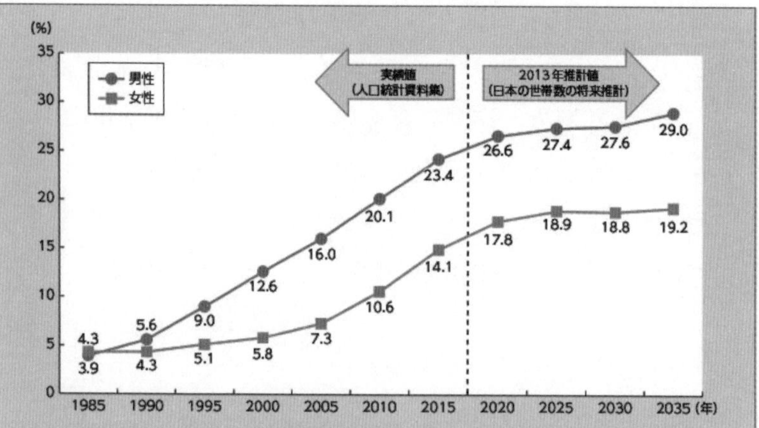

資料：国立社会保障・人口問題研究所「日本の世帯数の将来推計（全国推計）(2013年１月推計)」、「人口統計資料集（2017年版）」
（注） 50歳時の未婚割合は、50歳時点で一度も結婚をしたことのない人の割合であり、2015年までは「人口統計資料集（2017年版）」、2020年以降は「日本の世帯数の将来推計」より、45～49歳の未婚率と50～54歳の未婚率の平均。

＜50歳時の未婚割合推移（厚生労働省白書）＞

家庭を築くという目標も明確に掲げるべき

さらに、近い将来、家庭を築き、子どもを授かる立場となるべき、若者への支援についても、抜本的に見直す必要がある。いわゆる「ユース・

サービス」という概念が提唱されて久しいが、まさにこれからの社会をレジリエンスのあるものにしていくための必須の取組と言えるだろう。つまり、くどいようだが、価値観の多様化は前提としつつ、将来、家庭を持ち、子どもを授かることを、常に一つの選択肢として、目標にでき、希望する若者には、目標に近づけるよう条件を整えていくことが重要なのではないだろうか。

もちろん、フランスのように、結婚の是非に関わらず、出産に対する社会保障が充実している国もあるが、我が国の実情に照らせば、未婚化は、出生率の低下に決定的な影響を及ぼすことは間違いない。

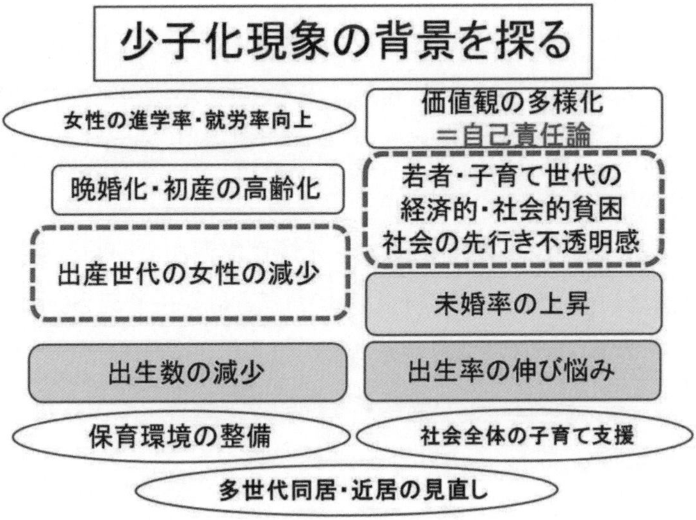

奨学金問題も最大のネックの一つ

また進学率の向上により、大学卒業者の比率が高まっているが、学生結婚という選択肢は、決して定着しているとは言い難く、進学率の上昇が晩婚化とリンクしていることは様々なデータから窺い知ることができる。

つまり、学校を卒業し、経済的に自立してから家庭を持つというパターンであろうが、そこで大きく立ちはだかるのが、奨学金問題である。

はるか以前は、「日本育英会」による奨学金であったが、20年ほど前に「日本学生支援機構」に制度が大きく変わり、給付制度が縮小され、貸付制度を中心とする奨学金に変更になっている。近年、漸く若干の見直し策が講じられ、給付制度が充実されはしたが、奨学金といってもあくまでも貸付であり、仮に最高額を受け取り続けると、大学４年間を卒業した時点での貸付総額は、利子を入れると600万円を越えてしまう。

以前の育英会奨学金では、卒業後、教育・研究の職に就く場合などは返済が特別免除されたが、現在の学生支援機構のもとでは、それらの制度も廃止され、有利子の貸付でもあるので、言わば住宅ローンと何ら変わらない。つまり、卒業した時点で、600万円の借金を抱えて社会に出る訳であり、「結婚したいけれど奨学金を返してから」と考える若者も少なくないだろう。その結果、晩婚化、未婚化が進んでいるとすれば、そうした施策が、少子化対策と逆行していたことは明白である。

さらに、若者の引きこもりが不登校の延長において拡がっていることなど、まさに社会の担い手の成長や活躍の場が確保できていないことに真剣に取り組む必要がある。

子育て家庭モデルは少なくとも子ども3～４人

このような例を考えても、少子化への対応を本気で考えるためには、様々な領域を超えた総合的な施策が必要な筈であるが、現実の子育て支援政策は、どちらかというと既婚家庭を軸に進められている感は否めない。

結婚した家庭や、子どもを授かり子育てに従事されている家庭への支援はもちろん不可欠であるが、学生や青年層などでこれから結婚しようとする世代や、結婚を希望しながら叶わない人たちへの支援が、今後益々重要になって来ることは言うまでもない。

しかも、昨今の結婚や子どもを授かることについての価値観の多様化や子どもを授からなかった場合も考慮するなら、子ども２人家庭を標準にしていては、平均での出生率「2」という数字は到底無理になる。

したがって、仮に、子育て家庭のモデルを考える際には、子どもが３人、４人の場合が当然であるという前提のもとに、様々な子育て支援施策も展開されるべきであろうし、レストランやホテルなどのサービスなどにおいても、しっかりと対応できるようにして初めて、出生率の向上を目指せると言えるのではないだろうか。

「子どもは社会の宝」と言う言葉を借りれば、その宝が、どんどん減少していく社会は、決して持続可能ではないし、レジリエンスの確立に向けた最重要課題の筈である。また、子どもが減少していくのであれば、尚更、一人ひとりの子どもを大切に、まさしく誰一人取り残さず、育んでいくこと、子どもが心豊かに育つ社会を打ち立てていくことが、私たちの世代の使命でなくしてなんであろうか。

第 8 章

子どもの育みとレジリエンス

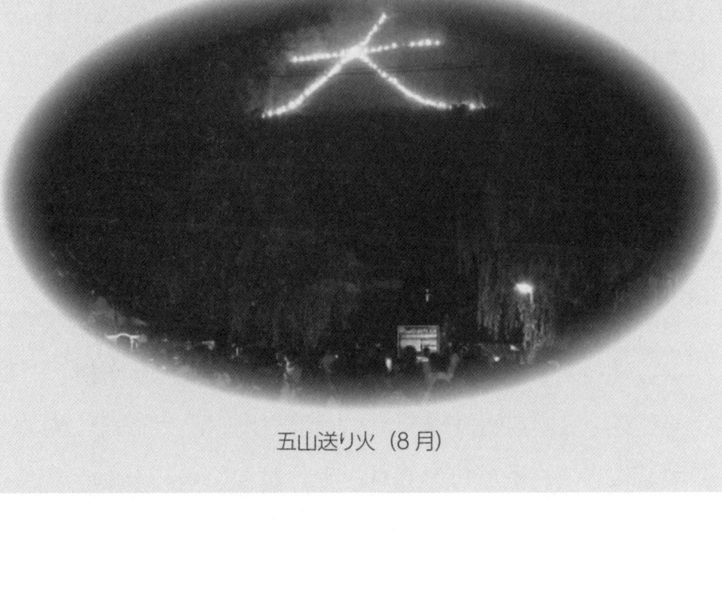

五山送り火（8 月）

8-1 「京都はぐくみ憲章」の策定

京都市には全国でも珍しい条例がある。「子どもを共に育む京都市民憲章の実践の推進に関する条例」である。この条例のもとになっている「子どもを共に育む京都市民憲章」は平成19年2月に制定されたのであるが、前文と6つの項目からなる、極めて簡潔な市民憲章である。

次の世代を担う子どもたちのために、大人がどうあるべきか、何をすべきかを、市民の行動理念として明文化したものが、「子どもを共に育む京都市民憲章」であり、まだまだ知名度は低いかも知れないが、「京都はぐくみ憲章」という愛称で子育て団体やPTAをはじめ、多くの市民によって支えられている。

京都はぐくみ憲章の行動理念

子どもを共に育む京都市民憲章は、「子どもたちの今と未来のために、大人として何ができますか?」を合言葉に「憲章前文」と具体的な行動を示した「6つの行動理念」で構成しているが、前文にもかなり力が入っている。少し長いが、全文を紹介したい。

「(前文)

わたくしたちのまち京都には、子どもを社会の宝として、愛し、慈(いつく)しみ、将来を託してきた、人づくりの伝統があります。

そうした伝統を受け継ぎ、人と自然が調和し、命のつながりを大切にして、子どもを健やかで心豊かに育む社会を築くことは、京都市民の使命です。
大人は、子どもの可能性を信じ、自ら育つ力を大切にして、子どもを見守り、褒め、時には叱り、共に成長していくことが求められます。そして、子どもを取り巻く状況を常に見つめ、命と健やかな育ちを脅かすものに対して、毅然とした態度で臨む必要があります。
わたくしたちは、子どもたちの今と未来のため、家庭、地域、学校、企業、行政など社会のあらゆる場で、人と人の絆を結び、共に生きるうえでの行動規範として市民憲章を定めます。」

特に、子どもたちの「命と健やかな育ちを脅かすものに対して、毅然とした態度で臨む」必要があることが強調されている。

実は、このはぐくみ憲章には、制定された当時、「薬物依存」「エイズや性感染症の問題」「虐待」「インターネット・携帯電話の弊害」といった家庭環境の変化や大人の都合から発して子どもが育つ社会環境に深刻な影響を及ぼす様々な課題が重くのしかかっていた。

こうした課題を提起したのは、当時の桝本頼兼京都市長の肝いりで平成9年に発足した「人づくり21世紀委員会」という、教育・保育関係者をはじめ医療、福祉、文化、芸術、産業、マスコミ、地域、NPOなど、子どもの育ちに関わり、影響を及ぼしている広範な団体とその構成員によるネットワークであった。

参画団体は、平成9年の発足当時でも77にのぼり、その後、増加して、「京都はぐくみネットワーク」と名称を変えた現在は、100を越える団体に加え、各行政区単位の実行委員会が活動を展開している。

幸いにも筆者は、この「人づくり21世紀委員会」の発足に際して担当の課長として関わり、当時、国際日本文化研究センターの所長を務めておられた河合隼雄先生に代表をお願いし、様々な活動を経験させていただくことができた。

このネットワークの特徴は、子どもの育ちを、単に親や教育関係者だけに任せたり押し付けたりするのではなく、地域はもとより社会のあらゆる分野で関わっていくことが大切であることを宣言したことであった。

8-2 レジリエンスを先取りした「京都はぐくみ憲章」

京都はぐくみ憲章の行動理念は以下の６つの項目からなっている。

（行動理念）

わたくしたちは、

・ 子どもの存在を尊重し、かけがえのない命を守ります。
・ 子どもから信頼され、模範となる行動に努めます。
・ 子どもを育む喜びを感じ、親も育ち学べる取組を進めます。
・ 子どもが安らぎ育つ、家庭の生活習慣と家族の絆（きずな）を大切にします。
・ 子どもを見守り、人と人が支え合う地域のつながりを広げます。
・ 子どもを育む自然の恵みを大切にし、社会の環境づくりを優先します。

以上の項目を見て理解していただけると思うが、まず、一人の人間として、子どものかけがえのない命を守ることを宣言したうえで、子どもから信頼される大人としての行動、子育ての中で自らも育つ親としての行動、家庭や家族の絆の大切さ、その家庭を取り巻く地域の繋がり、さらに自然の恵みへの感謝や、社会全体の環境づくりまで、子どもを中心に同心円的に、環境を作っていくことが目指されているのである。

つまり、子どもを中心に、周囲の大人や親、家庭が包み込み、さらに地域や社会が幾重にも隙間なく重なり合うという構造である。

実は、レジリエンスのある社会の在り方も、個人を核として、家族、コミュニティ、国家、国際社会と連なっていることを認識することが重要とされており、子どもの育みにおけるレジリエンスの構造と非常に似ていると言えよう。

子どもはぐくみ憲章の構造

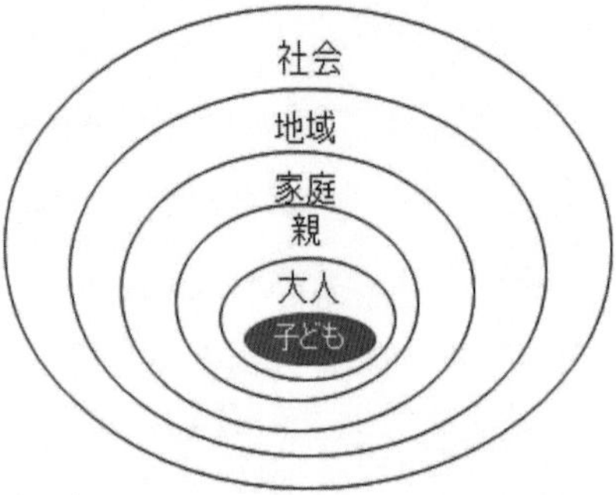

京都はぐくみ憲章
京都はぐくみネットワーク

レジリエンスが形成される環境

そこで、一人一人の人間、あるいは子どものレジリエンスが形成される環境について検討してみたい。

例として考えるなら、家庭のレジリエンスとは何か。家庭の社会的存在としての定義を詳しく論じる紙面はないが、少なくとも、社会活動の最小基礎単位として、子どもを授かり、育む場である家庭をめぐる状況が、近年、大きく変貌してきたことは否定できない。食卓の風景ひとつをとっても、「こ」食と言われる食事の状況が紹介されることがある。即ち、一人ぼっちでたべる「孤食」、子どもだけで食べる「子食」、家族が一人ずつバラバラのものを食べる「個食」、毎日、同じものを食べる「固食」、粉ものばかり食べる「粉食」、味付けの濃いものばかり食べる「濃食」など、

「家族団らん」がまさしく死語になっていることを実感させられる光景が目に浮かぶ。

自己有用感とレジリエンス

レジリエンスの形成のためには、自分を大切だと実感できる「自己有用感」が不可欠だと言われている。その自己有用感は、何といっても、家庭の中で親から、かけがえのない存在として大切にされ、抱きしめられる経験から育まれるのではないだろうか。まさしく「乳児は、しっかり肌を離すな」である。

しかし、とりわけ、都市部では、今や核家族が圧倒的なモデルとなる一方、マンションを中心に近所付き合いはおろか、隣人との接点さえ希薄になった住宅が多くなって既に久しい。特にこの20年あまり、情報化社会の著しい発展の中で、子育て環境にまで、携帯、スマートフォン、インターネットが当然のように入り込んでいる。その結果、現実には、テレビやゲームに子守り役を委ねざるを得ない家庭も少なくないが、敢えて言うなら、そのことを当事者の親だけの責任にしている限り、先の展望は全くないといって差し支えなかろう。

レジリエンスのある家庭・地域とは？

例えば三世代同居は、今や殆ど見受けられなくなったとは言え、三世代近居や、「いくじい」、「いくばあ」の役割は見直されるべきであろう。

しかし、現実には、家族の触れ合い、助け合い、支え合い、さらに祖父母との世代間の交流も含めて、子どもが家庭において経験できる、他者との触れ合いの原点とも言うべき営みが、阻害されることとなっている。

家庭の在り方は、地域との交流においても大きく変化し、いわゆる近所付き合いや地域コミュニティ意識が希薄になる一方、家庭が地域から孤立すると言う状況も生み出した。子育て中の親が孤立感に苛まれたり、虐待事案の発覚が遅れたりするといった背景に、こうした家庭の在り方が関わっていることは論を待たない。

レジリエンスのある子どもを育むと言う意味においても、持続性、創造性、柔軟性を子どもたちに育む家庭や家族関係はいかにあるべきか、真剣に論議される必要があろう。

子どものコミュニケーション能力について考えて見ても、もし周りに中学生がいれば、この一週間で、家族と教師以外の大人とどの程度、しゃべる機会があったか、尋ねてみてはどうだろう。京都市でも「生き方探究チャレンジ体験事業」などに取り組んではいるが、それでも、相当の比率の中学生が、殆ど誰ともしゃべっていないと回答するのではないだろうか。そんな状況で、どうすれば、社会の一員としてのコミュニケーション力や自己有用感が芽生えるのだろう。

また、周囲の大人から、「ありがとう」と感謝の言葉をかけられた経験を尋ねてみても良いだろう。会話もしていないのだから、想像はできるが、まずごく少数しか該当者はいないのではないか。特に「ありがとう！」の感謝の言葉を送られることは、自己有用感を育む上で、つまり、レジリエンスを構築するうえで、とても大切なことである筈だ。この点でも、今ほどご近所の助け合いや励まし、隣のおじちゃん、おばちゃんに褒められたり感謝されたりする経験が貴重な時代はないのである。

親自身のレジリエンスが大切

同時に、ここで見逃してはならないことは、子育てをしている親自身が地域や両親から、場合によっては配偶者から孤立していたり、協力を得られなかったりしていることである。つまり、家庭が地域から孤立していることの弊害も深刻なのである。乳幼児を抱えた親の公園デビューが一時期、話題になったが、ママ友づくりのできる親とそうでない親とでは、子育てにおける孤立感は大きく異なる。

加えて近年、少子化が叫ばれる中での最大の課題の一つは、子育て真っ最中の親世代の徒労感である。次の世代を育むと言う最も崇高かつ重要な役割を担っている彼らが、言葉を選ばずに表現すれば、子どもを授かったために、まるで「貧乏くじ」を引いたかの被害意識、即ち、子どもさえいなければ、もっと思う存分に仕事が出来たといった悔しさや、だれからも応援してもらえないという孤立感、さらには苦労が報われない徒労感にさいなまれているのではないだろうか。

子育て支援における企業の役割

子育て環境の整備とは、保育施設の充実や給付金の支給も非常に重要であるが、子育てという営みに喜びを感じられる社会であることが、まず何よりも求められるのである。

そうすると、多くの子育て世代の従業員を雇用する企業の責任や役割も、当然、重大になるだろうし、家庭内での役割分担も不可欠になる。

したがって、今後は、男女共同参画、ワーク・ライフ・バランスと地域コミュニティとが、しっかり連動して、子育て世代や当事者である親を支える仕組みづくりを、まさに社会全体で進めることが求められており、そのためには、企業や行政をはじめ社会のあらゆる機能を、子育て支援、さらには少子化対策に振り向ける大胆な発想の転換が求められるのであり、そのことを広く市民と共有した成果が「京都はぐくみ憲章」なのである。

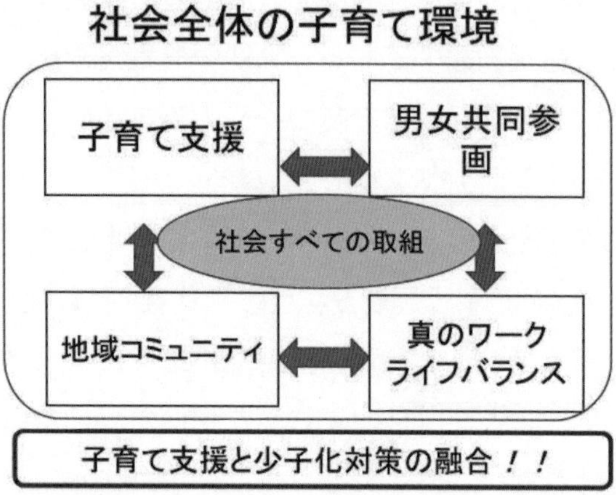

8-3　危険を察知する能力の喪失と「ながらスマホ」

ところで動物は本能的に、自分を危険さらす存在には、恐怖感を植え付けられているようである。誰からも教わっていないのに、いや実は、親や身近な大人の振る舞いや表情から察知しているのかも知れないが、自分を守る術として、そうした警戒心を持っている。

こうした警戒心は、特に幼少期に置かれた環境から影響を受ける場合が多い。例えば、身体的な虐待を親から日常的に受けている子どもは、目の前の大人が、少し腕を上に挙げただけで、頭を押さえて身を守ろうとする。そうした状況は決して望ましいことではないが、身の危険を察知して未然に防ぐことは、おそらく人類が様々な野生動物に襲われながら、あるいは思いもよらない自然災害に直面しながら、子孫を残すことができた原点であり、一種の自然に身についた本能ではないだろうか。
別の言い方をすると、そうした本能さえ喪失した動物は、もはや自然界で生きていくことはできないのではないかとも思えてしまう。

自然からの乖離はレジリエンスに逆行

少なくとも、自然と乖離さえしていなければ最小限、習得している筈の資質を失った人間が、自然界の一員である本来のホモ・サピエンスから相当かけ離れた存在に変質していることは否定できないかも知れない。少なくとも、それが「進化」なのか「破滅」への道なのか、誰にも判らないのである。
何の苦労をしなくて何でも手に入り、安全は勝手に付いて回ると思い込んでいる生活では、いつ、どんな災害が起こるか想像できない。
今回の新型コロナ禍においても、私たちの生活がそういう危険やリスクと背中合わせにあるということを考えながら、どんなことがあっても持ちこたえていける、あるいはまた復活できる力を蓄えておくということが大事だと言えよう。
順風満帆に、当たり前に何も起こらないだろうと平々凡々と歩いているのではなく、そういうことを覚悟しながらしっかり足を歩んでいく必要があるのではないかということで出てくるキーワードこそ「レジリエンス」という言葉なのである。

「ながらスマホ」の根絶がレジリエンスの第一歩

想定外を排除するという観点では、市民生活の安全を確保することは、市民の当事者意識・危機意識も同時に高揚させなければ果たせない。

安全な社会は、最小限の警戒や相互責任によって、初めて成り立つ。極端な例だろうが、いつ猛獣が襲って来るか判らないサバンナで、歩きスマホをすることなど、有り得るだろうか。もちろん、サバンナと我が国の街なかを同列に論じることはできないが、現代社会には、ひったくりや痴漢など、サバンナとは次元は異なるが、危険は当然、隣り合わせに存在している。

レジリエンスを考える時、私たちがいかに危機的な状況に陥っているかを認識するのには、この「ながらスマホ」の実態を観察するのが大いに参考になるのではないだろうか。

周囲に目を向けず、「ながらスマホ」をしている人は、自分が加害者になり得る危険も察知していない。歩きスマホをしている人は、視覚障がい者にとっては、全く良い迷惑である。普通に歩行していても、たまたま気づかず、出会いがしらなどにぶつかってしまう場合は当然あるだろうが、歩きスマホで人にぶつかることは、過失では済まされない。

以前、女子高校生が歩きスマホをしていて、白杖を持った視覚障がい者に接触する場面を目撃したことがあるが、視覚障がい者が謝っているのに、女子高校生は誰とぶつかったのかも気づかず、通り過ぎていった。幸い、大事に至らなかったが、万一、相手が転倒したり、怪我をしたりした場合には、どう責任をとるつもりなのだろうか。

現実に、自転車スマホでは、前方不注意で交通事故を起こすケースも出ているようである。危機意識の弱い人は、結局、他者にも配慮できないことを、何よりも如実に示す事例であろう。

人間は、生きていくために最小限の警戒心や注意力が常に求められる。そのことはレジリエンスとしての最小限の自らの身を守る危機管理に該当するわけであるが、万が一、誰かが襲ってきたら、目の前の道路が陥没していたら、と考えなくても良い保証は、どこにもない。

確かに我が国は国際社会全般と比較すれば、安全のレベルはトップクラスであろう。しかし、そこには各自が責任を持って行動しているという前提があるだろうし、前方や周囲への注意をながらスマホのレベルまで怠ることは許されない筈である。

高価なスマートフォンを、まるで「ひったくって下さい！」と言わんばかりに片手でかざして歩く姿や、ただでさえ危険度の高い夜道を、スマホとにらめっこしながら歩く姿は、あまりにも無防備で、海外では理解できないであろう。

「ながらスマホ」「スマホ歩き」など、一歩先に何が起こるか判らない日常の中で、あってはならない行為である筈だが、筆者自身への反省も含めて大人も子どもも、まさに「スマホ依存」、「スマホ中毒」に陥っていると言わざるを得ないことは、レジリエンスの視点から考えても極めて深刻な社会問題なのである。

その意味では、少々大げさに聞こえるかも知れないが、「ながらスマホ」などは、あらゆる機会に根絶への努力を払うべきである。

8-4 ヒトから人への成長

人間は「ヒト」として生を受け、親を含む周囲の環境の中で、人間という生物に成長していくことを忘れてはならない。母胎から誕生したばかりの時点では、動くことも食べ物を得ることもできず、まさに、なす術もないか弱い小動物が、生命を維持できるのは、生物界における奇跡としか言いようのない状況であろうが、母乳を与えてくれる母親と見つめ合うことで目の焦点が合い始め、温かく抱かれることで心地よさや安心感を体得し、やがて表情や言葉を会得していくことになる。

母胎において、生命が誕生するまでの過程は、地球上の生命の進化を再現したものだと言われるが、「ヒト」から「人」への成長は、人類としての進化を再現したものと言えるかも知れない。

少なくとも、人間は、そのような成長が可能である遺伝子を組み込まれてこの世に誕生してくるのである。そこでは、先に述べた、「乳児はしっかり肌を離さない」ことによる、人間と人間との触れ合いが大きな役割を果たしているのは当然であろう。

翻って、デジタル画像や人工的な音色が子どもの脳、とりわけ、これから人間として成長しようとしている視神経や脳神経に本来予定されていたものとは全く次元の違う情報が送り込まれるとすれば、ヒトが人間に成長できる保証が消え去ってしまう可能性は否定できないだろう。

繋がりを閉ざすインターネットの落とし穴

確かに子どもたちが遠くない将来、生きていく社会は、まぎれもなく最先端のデジタル社会であるが、その時代の要請に適応するためにも、コミュニケーション能力の醸成や豊かな自然体験、家族との愛着関係の構築など、子ども時代にしっかり体得しておくべき人間としての経験が、成長段階に応じて存在するのではないだろうか。

しかし、実際には、それらの貴重な体験のための時間を奪う形で、子どもたちがデジタル機器に依存し、ゲームの勝ち負けに一喜一憂しているし、子どもに真正面から関わるべき親までも、子どもに目線を合わせることなく、スマホと睨めっこしている現実は、人類が直面している人間形成における最大の危機とも思えるのである。

いくら子どもたちが将来、モータリゼーション社会で生きていくからといって、幼児の三輪車に高速エンジンを付ける親はいる筈がないが、乳幼児期からデジタル機器に慣れ親しませることは、三輪車の事例にも匹敵する危険な対応だと言わざるを得ない。

近年、研究が進んでいる、こうしたデジタル機器への依存症への警戒も重要な視点である。薬物や喫煙などの依存でも医学的に明らかになっているが、こうした依存症は、幼少期に陥ると依存から抜け出すことが困難であると共に、症状から回復することが一層難しくなるようである。

人間の成長を疎外するデジタル化社会

1980年はウォークマンができた年であり、1990年代になると、今度はゲームボーイが登場し、2000年代になると携帯電話が普及する。僅か20年前に出てきた携帯は、既に「ガラケー」として過去の遺物になりつつあり、10年前に普及し始めたスマホによって多くの日本人が「スマホ中毒」というべき様相を呈しており（筆者も人のことは言えないが）、電車に乗っている人々の姿を見ても、全員がスマホとにらめっこしているのも珍しくない状況になってしまった。

幼児期からＡＩ機器に没入し、ＴＶゲームやスマホばかりしている状況が続くと、子どもの成長に決定的な影響を及ぼすのではないか、まさに人間の子どもが、まるで新しい生物のようになってしまうのではないか、こんなことは、実ははるか以前から危惧されていたのである。

デジタル画像が乳幼児に及ぼす危険性は、テレビ視聴においても、既に20年前から小児科学会等で指摘されていた。テレビ画像が子どもに与える影響の大きさは、フラッシュの画面で子どもが卒倒する事例が頻発し、今や常識になっているが、大きなテレビ画面を一定の距離で視聴している場合でさえ、それほどの影響が出るデジタル画像が、スマートフォンのような至近距離で画面を凝視する場合に安全である筈がないだろう。

これほど危険なツールを野放しにしている現代社会の禍根は、個別の子育て事例に留まらず、人類社会の未来全体に及ぶというのが、精神科医でもある岡田尊司氏が指摘する「ネオ・サピエンス」（文藝春秋社）の未来の姿なのである。

ネオ・サピエンスが登場した社会では、人間相互の信頼や関心が失われ、相互に協力したり連携したりすることが忘れ去られる「回避型人類」を生み出すと岡田氏は予言している。

レジリエンスが、様々な危機への柔軟な対応に向けた包摂、融合などを前提としていることを考えると、ネオ・サピエンスによって担われる社会は、まさにレジリエンスと真逆の方向に突き進んでいると言えそうである。

(CROコラム5)

「今さえ良ければ！自分さえ良ければ！からの脱却」

レジリエンスの言葉の意味は幅広いですが、反対語を考えてみると、意外と理解していただき易いかも知れません。

つまり、「今さえ良ければ！」「自分さえ良ければ！」物が豊かで便利な現代社会の落とし穴とも言うべき、こうした思い込みがレジリエンスの対極にあると言えるのではないでしょうか。

第9章

SDGsと
レジリエンスの融合

重陽の節句（9月）

9-1 SDGs（持続可能な開発目標）登場の背景

さて、京都市レジリエンス戦略のもう一つの特色は、先にも触れたSDGsとの融合を大きく打ち出していることである。

SDGs（持続可能な開発目標）は、2015年に国連サミットで採択され、周知のとおり、2000年のMDGs（Millennium Development Goals＝ミレニアム開発目標）の後継である。

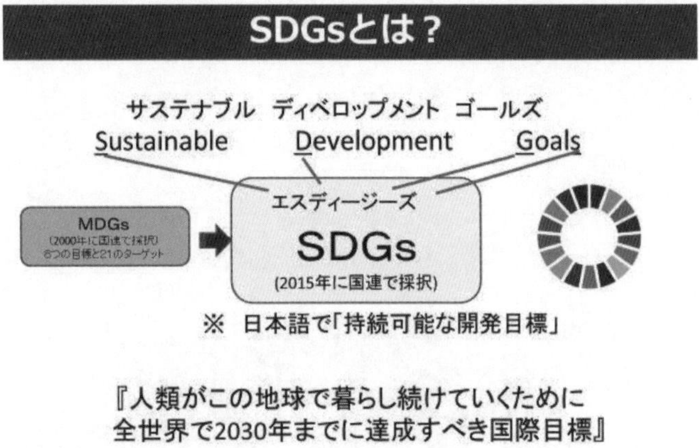

しかし、「持続可能な開発」という用語だけで見ると、実は既に1980年代の国連の「環境と開発に関する世界委員会（WCED）」で提唱され、1992年のリオ・デ・ジャネイロでのいわゆる「地球サミット」における主要テーマの一つでもあった。

もとより、その理念としては、既に1972年のローマクラブにおける「成長の限界」において指摘されていた内容であり、さらに同書が出版された1970年代は、我が国においても、戦後の高度経済成長期がまさに一つの転換期を迎えた時期でもあった。

この「成長の限界」は、先に紹介した様にデニス・メドウズ氏が中心となってまとめたレポートであるが、ここでは人口爆発と称されるような急激な人口増加において石炭や石油といった化石燃料が数十年で消費されてしまうとの予測の下、工業化による環境汚染、食糧需要が、このまま幾何学的に増大していけば、100年後に地球上の成長は限界点に達するだろうと警鐘したのであった。地球は決して無限の存在ではないという指摘は、当時においては非常に新鮮でもあったのかも知れない。

またこの年には、国連の人間環境会議と言われる環境問題を真っ向から取り上げた国際会議がストックホルムで開催されている。その後、1982年にはナイロビ宣言が行われ、国連総会において「世界自然憲章」が採択されている。

決して目新しい理念ではない
「持続可能な開発（Sustainable Development)」
成長の限界
LIMITS TO GROWTH
1972年
「ローマクラブ」の警鐘
「成長の限界」
1987年
国連「環境と開発に関する世界委員会（WCED)」報告において，「持続可能な発展」の概念を提示
1992年
環境と開発に関する国際会議（リオ国連地球サミット）
2000年
国連におけるMDGs（ミレニアム開発目標）の設定
「現在の人口爆発と経済成長を抑制しなければ，100年以内に，地球と人類は，食糧不足，資源の枯渇，環境汚染により，成長の限界に達し，破滅的結果を招く。」

1992年には、リオ・デ・ジャネイロでの国連環境開発会議、俗に「地球サミット」と呼ばれる会議が開催されたが、いみじくもこの年は、コ

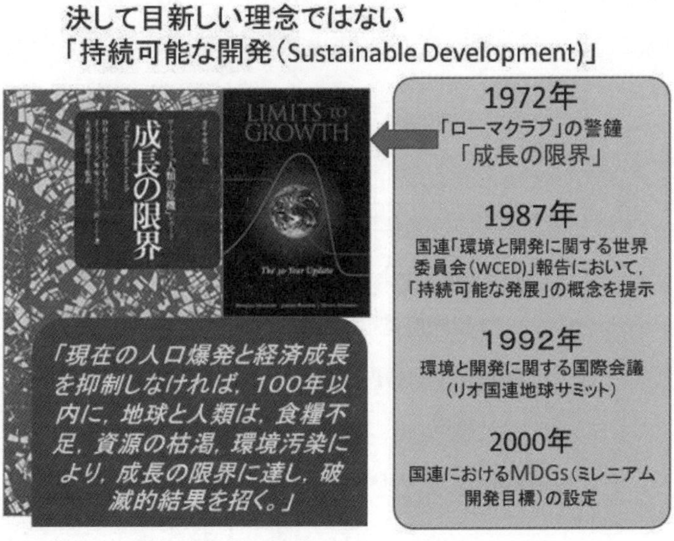

ロンブスのアメリカ大陸到達500年目に当たる年であった。

このように、2000年のMDGsも、決して突然現れたものでなく、人類が作り出した現代文明が地球環境に及ぼす影響について、長年にわたって国際的に論議されてきた結果、登場したことを忘れてはならない。

「開発」？それとも「発展」？

併せて、1990年代に議論されたテーマは常に「環境」や「自然」を踏まえた「開発」であったのに対して、MDGsでは「開発」という言葉だけが中心に置き換わっていること、そしてSDGsにおいても、持続可能という新しい概念とともに、やはり環境ではなく、開発の目標となっていることには、いささかの疑問を覚えるところである。

さらに二点付言するなら、まず、英語のDevelopmentについて、「開発」という訳語が相応しいのかどうかを考える必要がある。MDGsにおいては、発展途上国に対する開発援助の要素も含まれていたことから、開発という訳はすんなり受け入れられたように考えるが、持続可能な「開発」という表現に対しては、個人的に非常に違和感を持っている。せめて持続可能な「発展」や「発達」という表現で表す方が、日本では的確な理解を得られたのではないだろうか。

SDGsについて考える大前提として

Sustainable・・・

「持続可能」の主体，目的は？

Development・・・

「開発」？　むしろ「発展」「成長」？

Goal・・・fore castingではなく

back casting

もう一点、加えるなら、「持続可能な開発」ではなく、持続可能性すなわち「持続可能なシステムの開発」なのではないだろうか。「開発」という言葉がDevelopmentの訳として使われているが、日本語の通常の語感としては、山を切り拓き、海を埋めたてるイメージが付きまとってしまう。しかし、ここで使われているのは、むしろ、新しい社会システムの「開発」という意味であるべきであり、持続可能な社会を構築するためのシステムを開発するという考え方なら、SDGsの理念により沿ったものになると感じている。

ESDとESG投資

SDGsに先立って2005年以降、ユネスコを中心に展開されているESD（Education for Sustainable Development）、即ち「持続可能な開発のための教育」も益々重要になっている。

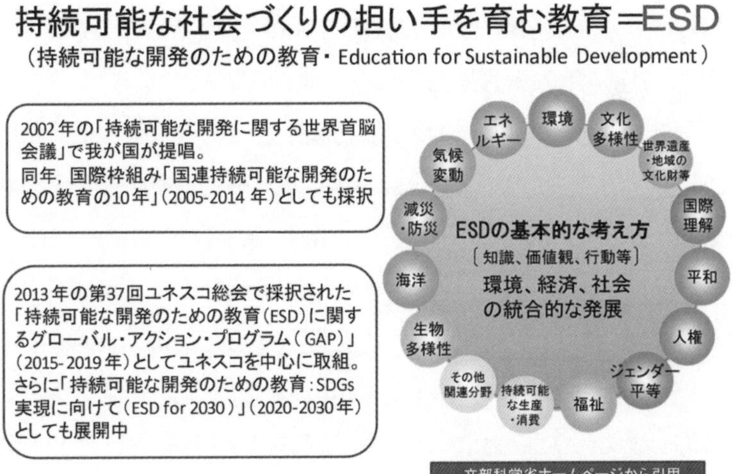

持続可能な社会づくりの担い手を育む教育＝ESD
（持続可能な開発のための教育・Education for Sustainable Development）
2002年の「持続可能な開発に関する世界首脳会議」で我が国が提唱。
同年，国際枠組み「国連持続可能な開発のための教育の10年」（2005-2014年）としても採択
2013年の第37回ユネスコ総会で採択された「持続可能な開発のための教育（ESD）に関するグローバル・アクション・プログラム（GAP）」（2015-2019年）としてユネスコを中心に取組。さらに「持続可能な開発のための教育：SDGs実現に向けて（ESD for 2030）」（2020-2030年）としても展開中
ESDの基本的な考え方
〔知識、価値観、行動等〕
環境、経済、社会の統合的な発展
エネルギー
環境
文化多様性
世界遺産・地域の文化財等
国際理解
平和
人権
ジェンダー平等
福祉
持続可能な生産・消費
その他関連分野
生物多様性
海洋
減災・防災
気候変動

文部科学省ホームページから引用

また、昨今、SDGsと対になって登場する機会の多いESG（Environment Social Governance）投資も、実はリーマンショック以降、既に2006年に国連責任投資原則（PRI＝Principles for Responsible Investment）として提唱され、世界を動かしていた流れであり、その意味でも、SDGsは決して、この数年間に突如、新たに登場してきた課題ではなく、少なくとも、「ローマクラブ」以降、50年近くにわたって、国際社会において懸案であり続けてきたテーマなのであり、受け止め方に若干の違いはあるが、我が国においてもかねてから重要課題だったのである。

9-2 二つの東京オリンピックのはざまで

新型コロナ禍のもと、「東京オリンピック・パラリンピック2020」は、当初、予想もしなかった展開となったが、筆者の世代では、東京オリンピックと言えば、1964年の大会であろう。

前の東京オリンピックは、いわゆる右肩上がり、「イケイケどんどん」の時代だった。新幹線が初めて開通し、高度経済成長、その後に日本列島改造論があり、そして、また1970年には大阪万博が開催された。

まさに「もはや戦後ではない！」という号令のもと、先進国の仲間入りに向けて猪突猛進し、豊かさや便利さを享受するために、資源に乏しい我が国が、技術革新と勤勉な労働者、教育の力で、GDPではアメリカに次ぐ大国にのし上がったことは、世界的にも驚異的であり、とりわけアジア各国や発展途上国からは羨望の的や目標になったことも事実である。

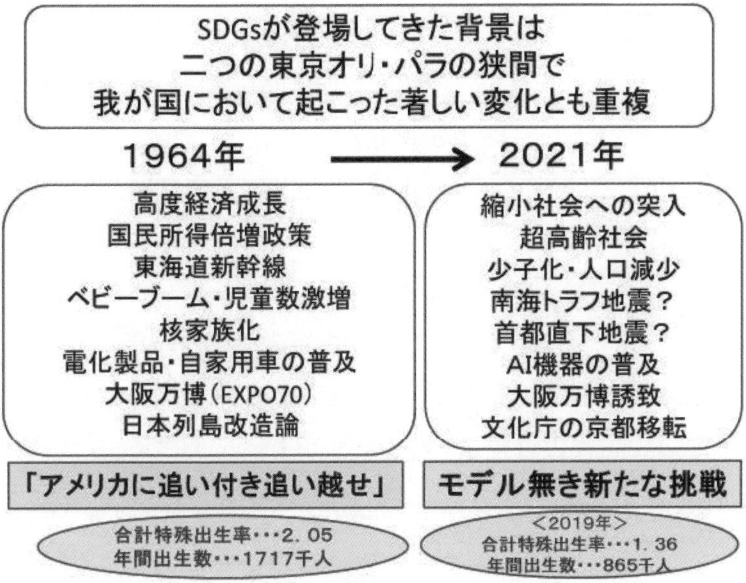
SDGsが登場してきた背景は
二つの東京オリ・パラの狭間で
我が国において起こった著しい変化とも重複
1964年
2021年
高度経済成長
国民所得倍増政策
東海道新幹線
ベビーブーム・児童数激増
核家族化
電化製品・自家用車の普及
大阪万博（EXPO70）
日本列島改造論
縮小社会への突入
超高齢社会
少子化・人口減少
南海トラフ地震？
首都直下地震？
AI機器の普及
大阪万博誘致
文化庁の京都移転
「アメリカに追い付き追い越せ」
モデル無き新たな挑戦
合計特殊出生率・・・2. 05
年間出生数・・・1717千人
<2019年>
合計特殊出生率・・・1. 36
年間出生数・・・865千人

懐かしい昭和の原風景はどこへ？

当時の様子を描いたマンガは「三丁目の夕日」や「サザエさん」「じゃりン子チエ」など数多くあるが、決して物は豊かではないものの、家族や近所で助け合い、何とか前を向いて進もうとする生活ぶりが見て取れる。因みにサザエさんでは、三世代同居のスタイルが描かれているが、マンガとは逆に、この時期からいわゆる核家族化、つまり「家付きカー付きババア抜き」志向が急速に進んだことも事実である。

こうした経済の著しい発展は、日本列島改造計画として展開され、開発という名のもとに、自然破壊や環境汚染が進み、「水俣病」や「四日市ぜんそく」といった「公害」も各地で発生した。まさに先に述べたローマクラブの「成長の限界」を地で行く変化が、我が国を覆いつくしていたとも言えよう。

一方、人口については、第一次ベビーブームを経て、長寿化と相俟って増加の一途を辿り、特に児童数の増加に関しては、都市部や近郊都市を中心に各地で大きな課題となっていた。

しかし、児童数は増加しているが、出生率そのものは先に触れたとおり、1949年以降、確実に減少傾向を辿っていたことには、あまり目が向けられることはなかった。つまり、戦後のベビーブーム世代の出現により、出生率の低下を補って余りある出生数の増加が続き、人口ピラミッドは非常にいびつな形に変化していったのである。

因みに、1964年の「東京オリンピック」時における合計特殊出生率は、出生率が下降傾向にある中で、皮肉にも2.05という人口を維持する上での標準数値であり、この数字がその後も維持されていれば、今日のような少子化は回避できていたことになる。

東京オリンピック・パラリンピックの開催

茶の間で流れるテレビドラマも、アメリカ式の華麗な消費生活を描いた作品が多く、まさに「アメリカに追い付き追い越せ」を目標にした経済成長が目指されていたのである。

そして、オリンピックから６年後にはEXPO70・大阪万博が開催され、ここに我が国の先進国入りが完成したと言っても良いだろう。

これに対して、2021年の「東京オリンピック・パラリンピック2020」は、人口減少、経済の停滞など、「右肩下がり」の社会が始まる中でしかも新型コロナ禍の最中に行われた。前回のオリンピック同様、４年後には大阪万博が控えているとは言え、大きく情勢が変わっている。目標とする社会についても、SDGsという国際的な目標はあるが、少なくともかつてのように追いつき追い越す相手がアメリカであることなど、誰も考えていないだろう。

出生率を比較しても、前回オリンピック以降、2.0を割り込んで低下し、この間、1.2から1.4で低迷している。まさに今日の国家的課題が何ら解決せず進行しているのである。

物の豊かさ、便利さの中で、子育て環境は、果たして本当に充実したのだろうか？経済的に、物質的にはどんどんと豊かになって行った一方で、出生率では減少の一途を辿るという現象が、これほど短期間に現れたことは、まさしく深刻な危機ではないだろうか。

前回オリンピックとのもう一つの大きな違いは、大規模災害が確実に予想されていることであろう。京都大学元総長の尾池和夫先生によれば2038年には発生すると予測されている「南海トラフ地震」をはじめ、富士山の大規模噴火、首都直下地震など突発的な自然災害も極めて高い確率になっている。南海トラフ地震は、過去の記録からすると、前後数十年の間に富士山の噴火や関東地区での大地震が連動して起こっていることが多いそうで、これから先、50年ぐらいの間に日本列島を相当な災害や地震が襲う可能性があることは、覚悟していく必要があるだろう。

加えて温暖化を含む気候変動や新たな感染症が、目の前の危機として厳然として存在している。一筋の光明があるとすれば、文化庁が本格的に京都に移転してくることや、ＡＩ機器が発展普及していくことも期待を持って見ていきたいが、未来は決して明るい状況とは言えない。

しかも、東京一極集中からの脱却が求められる中で、オリンピック・パラリンピックの主会場が東京となったことは、当初から一部では疑問視されていた。

そこへ、結果として新型コロナ禍が重なり、こうした先行き不透明な状況のもと、我が国の社会全体のレジリエンスを考える上で、様々な反省材料を学びとる大会とする必要があると言えよう。

9-3 京都市におけるSDGsの先進性

京都市の予算編成方針を見ると、平成31年度(令和元年度)には、「『SDGs』の達成と京都が培ってきた『レジリエンス』を、本市行政のあらゆる分野を横断する都市経営の理念として位置づけ、(中略)『文化』を基軸にあらゆる政策分野を融合した施策の展開を図る」と基本姿勢で説明したのに続き、令和2年度も、冒頭に、「文化を基軸に、京都が培ってきた持続可能な都市を目指すSDGsの理念と、あらゆる危機にしなやかに対応し、より魅力的な都市となるレジリエンスの理念を融合。この理念をすべての施策立案の基礎に据え、『くらしに安心、まちに活力、みらいに責任』のまちづくりを推進。」という基本姿勢が明らかにされている。

全国の800をこえる自治体の中で、予算編成方針の冒頭に、文化、SDGs、さらにレジリエンスという言葉が並ぶところは、どこもない筈である。

新型コロナで厳しい予算編成となった令和3年度には残念ながら、これらの文言が消えてしまった。個人的には、こうした時にこそ、文化、SDGs、レジリエンスが京都の都市格を守るうえで、不可欠のキーワードだと考えるのであるが、あまりにも厳しい財政状況のもと、やむを得なかったものと理解したい。

自治体SDGsモデル事業への選定

予算編成方針から表現は消えたものの、令和３年度からは、まさに京都市レジリエンス戦略を具体化し次のステップに高めていく取組がスタートしている。

内閣府が進めている「SDGs未来都市」に選定され、さらに先進的な取組に対する「自治体SDGsモデル事業」にも選定された。

そこでの特徴は、SDGsの基本的視点である経済、社会、環境の三側面を踏まえつつ、京都ならではの強みとして、文化を基軸に据えることを明記していることである。

いうまでもないが、文化は、あらゆる施策や市民生活において、常に何らかの影響を与え、また不可欠のものでもある。

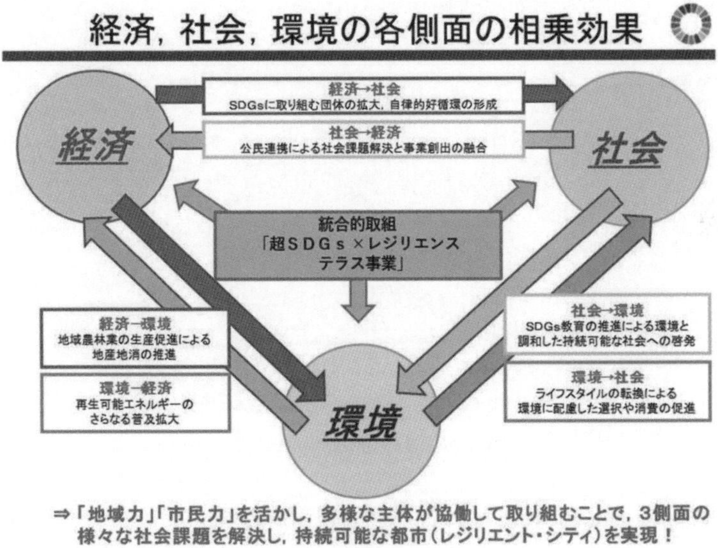

<京都市提供資料>

特に、京都のように伝統や精神性に裏付けられた都市では、市民生活の隅々にまで、様々な形で浸透していることによって、地域コミュニティが維持され、新たなモノづくりが模索され、また町並みや景観が大切にされているとも言えるであろうし、さらにその結果として、環境にやさしく、災害にも強い都市が形成されているとも言えるのではないだろうか。

そして、そうした都市の機能を維持発展させていく原動力として、次の世代の担い手が育つ環境が不可欠であることは改めて言うまでもない。

これらの6つの柱は、京都市レジリエンス戦略で掲げた項目とも重なっており、今後とも、京都市の施策の柱として展開されていくことを念願している。

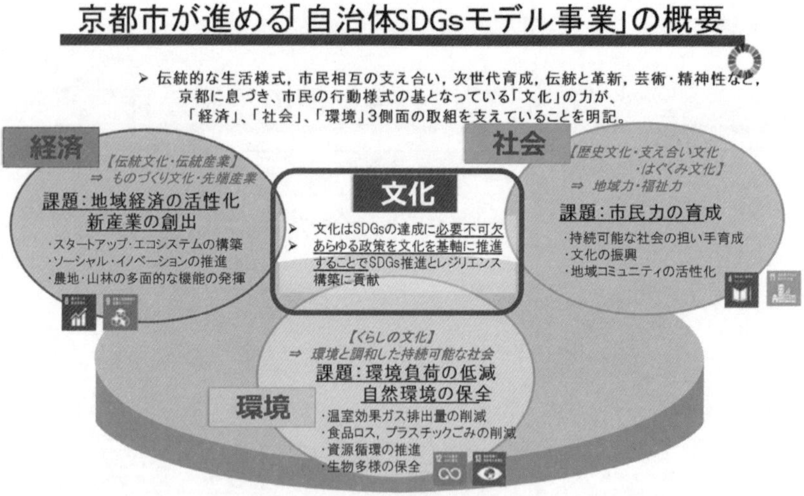
京都市が進める「自治体SDGsモデル事業」の概要
➢ 伝統的な生活様式，市民相互の支え合い，次世代育成，伝統と革新，芸術・精神性など，
京都に息づき、市民の行動様式の基となっている「文化」の力が、
「経済」、「社会」、「環境」3側面の取組を支えていることを明記。
経済
【伝統文化・伝統産業】
⇒ ものづくり文化・先端産業
課題：地域経済の活性化
新産業の創出
・スタートアップ・エコシステムの構築
・ソーシャル・イノベーションの推進
・農地・山林の多面的な機能の発揮
文化
➢ 文化はSDGsの達成に必要不可欠
➢ あらゆる政策を文化を基軸に推進することでSDGs推進とレジリエンス構築に貢献
社会
【歴史文化・支え合い文化
・はぐくみ文化】
⇒ 地域力・福祉力
課題：市民力の育成
・持続可能な社会の担い手育成
・文化の振興
・地域コミュニティの活性化
【くらしの文化】
⇒ 環境と調和した持続可能な社会
課題：環境負荷の低減
自然環境の保全
環境
・温室効果ガス排出量の削減
・食品ロス，プラスチックごみの削減
・資源循環の推進
・生物多様の保全

＜京都市提供資料を筆者が一部修正＞

基本計画にもSDGs、レジリエンスを明記

さらに、京都市基本計画「はばたけ未来へ！京プラン2025」においても、文化を基軸に、SDGs、レジリエンス、さらにはSociety5.0が、明確に中心テー

マに位置付けられた。

基本計画は都市経営の長期ビジョンであり、京都市においては、1999年に策定された京都市基本構想を原点とし、いわば経済性や利便性のみを追い求める「小さな東京」にならず、「日本に京都があってよかった」と他都市や全世界から評価され、市民も「京都に住んでいて良かった」、「京都で育ってよかった」と実感できる都市を目指そうとする指針とも言えよう。

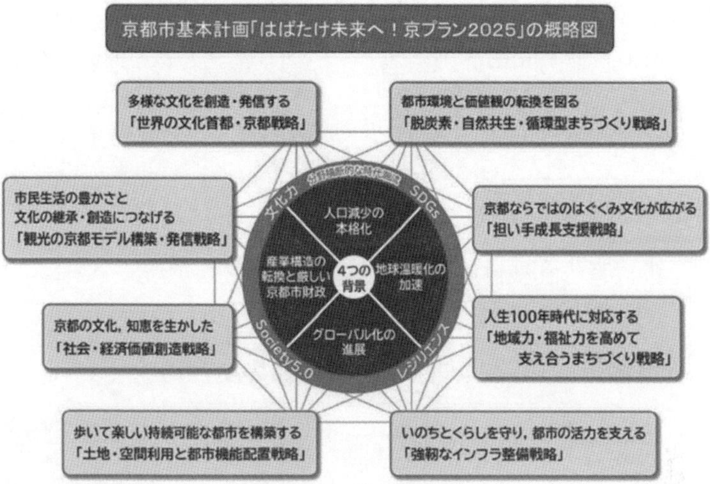

＜京都市提供資料＞

その基本構想をより具体化したものが京都市基本計画であり、2020年までの計画期間を暫定的に延長する形で、今回策定されたのが、上記の「はばたけ未来へ！京プラン2025」である。

しかし、新型コロナ禍に伴う深刻な財政危機を含め、新たな観光モデルの構築、地域コミュニティの維持、少子高齢化への対処など、さらに厳しい状況に直面しており、あらゆる関係者の当事者としての参画によって、この危機を乗り越えることが必要となっている。

市民ぐるみの行動が不可欠

こうした取組は、行政だけでは到底実現できるものではなく、市民や事業者の理解と協力によるところが大きい訳であるが、その根底には、歴史都市として、脈々と引き継がれてきた、まちの美しさへの誇りや自然への感謝の念、そして我が国古来の精神文化が融合した京都ならではの価値観や生活様式が存在すると言えよう。

同時に、また、車依存社会から脱却した「歩いて楽しいまちづくり」を目指して、市内中心部の四条通の車道を、片道２車線から１車線に削減して歩道を拡幅している。工事中に渋滞が発生したこともあって、市民の中には今も賛否両論が残っていることは承知しているし、経済効果だけを優先する政策とは敢えて一線を画した取組かも知れないが、ベビーバギーや車いすを利用する歩行者の利便性や安全性は大きく増加した。

市内中心部「四条通」の歩道拡幅事業（H27完成）

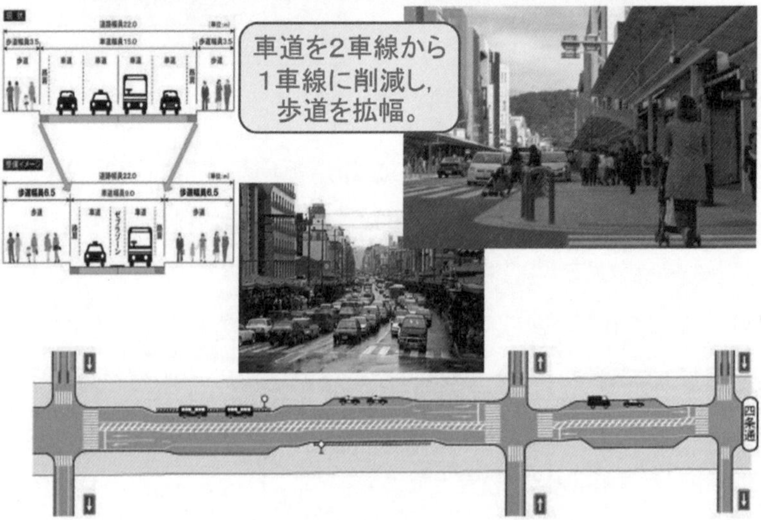

車道を2車線から
1車線に削減し,
歩道を拡幅。
四条通

＜京都市提供資料に筆者が一部加筆＞

何よりも、こうした「歩くまち・京都」に取り組んできた結果、マイカーで京都を訪れる観光客の割合は、41.7%（1994年度）から8.7%（2017年度）に約8割減少し、排気ガスの削減など、環境への配慮という点で大きく貢献していることは言うまでもない。

誰一人取り残さないまちづくりを

SDGsにおいては、17の目標とは別に、前文に掲げられている「誰一人取り残さない」という理念が重要な意味を持っている。また、「すべての人に健康と福祉を」、「住み続けられるまちづくり」、「パートナーシップで目標を達成しよう」などの目標を考慮すれば、さらに先にも述べた地域コミュニティを大切にするライフスタイル、地蔵盆や門掃きなどの風習、伝統文化や芸術が溶け込んだ暮らしなども、京都におけるSDGsの先進事例に含めることが出来そうである。

因みに、令和元年には、日経グローカルの全国自治体調査において、SDGs先進度ランキング第1位、最新の調査でも、第2位に評価されている。京都で培われてきた歴史や文化を考えれば、ある意味では当然の評価であろうし、そこに胡坐(あぐら)をかいて安住していられる状態ではないが、市民や企業をはじめ多くの関係者の努力の成果であることは誇りに感じている。

9-4 産学公連携で進む SDGs

京都市の SDGs の取組について語る時、大学との関係を外すことはできない。38の大学・短期大学が立地する「大学のまち京都」においては、龍谷大学の「仏教 SDGs」や立命館大学の「Sustainable Week」、そして京都大学の「京都産学公 SDGs プロジェクト」などが、熱心に取り組まれている事例として挙げられる。それぞれ、各大学の強みを活かした特徴的な取組が進められており、筆者もいくつかの活動にオンラインイベント等で出演・登壇するなど、少々関わらせていただいた。

ここでは、そのうちの一つ「京都産学公 SDGs プロジェクト」について紹介したい。この取組は、2019年６月に京都大学、リコー、JT、安田産業、京都市の５団体で立ち上げられたのだが、その後はソフトバンク、Ecommit、セブン＆アイ・ホールディングス、三洋化成工業、エフピコ、日本マクドナルド、国中環境開発、大和リース、タカラレーベンといった日本を代表するような９企業が市内外から加わるなど、参画団体の増加とともに活動の充実が図られてきている。

発起人となったのは、市民フォーラムにもご登壇いただいた京都大学の浅利美鈴准教授であり、元々、ごみ減量の研究や実践を中心に学生と取り組まれている「エコ～るど京大」において、２R（Reduce, Reuse）や脱プラスティック、食品ロスといったテーマで、先にも触れた ESD（持続可能な開発のための教育）や持続可能な社会の実現に向けた取組を展開されていたのだが、学生から SDGs に取り組んではどうかという提案があり、活動の柱にされたと聞いている。

京北地域における新たな挑戦

中でも、過疎化の進む京都市右京区の京北地域をSDGsの視点で取り上げ、全国で同じような課題を抱える中山間地域の参考事例となるような「持続可能な里山モデル」の構築を目指し、まちづくり活動に参画していることは特筆すべきであろう。

京北地域とは、平成17年に旧京北町から京都市に併合された広大な北部山間地域で、面積は大阪市全域を上回っている。歴史は古く、京都市を流れる桂川の源流であり、平安建都に際しては、この地域の木材が筏を組んで京都に送られた歴史があるし、先にも紹介したが時代祭の「維新勤王隊」は京北地域の山国隊が発祥である。

筆者も以前、右京区長として京北地域を所管し、また副市長時代にも、京北活性化に向けたビジョン策定に関与しており、今も勝手に自分のホームグランドのように愛着を感じている。

京北は豊かな自然の中で林業を主要産業として栄えてきたが、林業の衰退と共に、人口も減少の一途を辿っており、京北町時代に6つあった小学校も、現在は小学校としては1校になっている。しかし、素晴らしい教育環境の整った小中一貫校として令和2年4月に再整備されており、子育てには抜群の環境が整備されたが、最大の課題は、少子化と人口減少に全く歯止めがかかっていないことである。

<京都市立京都京北小中学校>

林業と共に農業も盛んであるし、桂川での鮎漁なども夏の風物詩となっている。また、サイクリングも盛んで、まさに京都の奥座敷として、健康やスポーツ、自然の中での生活をテーマにした長期滞在に打ってつけである。何よりも地域のコミュニティは非常に緊密であり、消防団の組織率なども京都市内でも群を抜いて高い。

地域経済における自給自足

また、SDGsにおいては、地域経済の観点で、エネルギーや食糧の自給自足も重要な要素であるが、間伐材を活用したバイオマス発電や地元農産物の特産化、広大な土地を有効に活用した各種レクリエーション体験、市内中心部から車で１時間以内というアクセス環境などは、決して他の地域に見劣りするものではなく、様々な魅力に満ちている。

<元京北第一小学校を活用した「京都里山 SDGs ラボ」>

そうした魅力を基盤に、京北地域を支える主要産業としての農林業の振興をはじめ、「京都里山SDGsラボ」として開設された元小学校を活

用したテレワークや地域交流の拠点づくりの他、先に述べた小中一貫校や、全国でも数少ない林業に関する専門学科「京都フォレスト科」を持つ府立北桑田高校と連携した「SDGs・持続可能性教育」の活動など、産・学・公に地域住民が一体となってSDGsに取り組む事例はあまりなく、今後の展開に大いに期待したいところである。

9-5 SDGsの課題とレジリエンス

SDGsは、その前身ともいうべきMDGsと比較すると、いわゆる発展途上国に照準を当てた課題だけでなく、地球環境全体を視野に入れた全面的な課題が提示されている。

しかし、この目標が2030年までに達成されることは、地球環境の持続可能性において、単なる希望や夢ではなく、相当切羽詰まった深刻な課題と考えるべきであろう。

さて、SDGsでは17項目の目標（Goal）と、169の達成基準（Target）が示されているが、最も重要なことは、これらの目標が相互に密接に関わっていることであり、個別に取り組んでいては、新たな「縦割り」を作り出すことにしかならないという点である。

また目標の中で、9「レジリエントなインフラ構築、包摂的かつ持続可能な産業化の促進及びイノベーションの推進を図る」、11「包摂的で安全かつレジリエンスで持続可能な都市及び人間居住を実現する」という表現で、レジリエンスが用いられているし、達成基準においてもレジリエンスという言葉が数か所登場する。

しかし、このことは、SDGsの下位概念でレジリエンスが用いられていることを決して意味するものではない。レジリエンスと持続可能性という言葉には、非常に親和性があり、持続可能な社会の構築に不可欠なキーワードだということに他ならない。

SDGs推進に不可欠なレジリエンス

同時に、そうした個別の目標ではなく、全体的な視点で、レジリエンスはSDGsの推進において、重要な意味合いを持つ。

振り返ってみれば、人類は、貧困や飢餓をなくすという大義名分のもとに、海を汚し、陸の自然を破壊してきた。

SDGsでは、それらの項目は、経済、社会、環境が全て調和できるよう取り組む課題として提示されているのであり、決して優先順位や包含関係があるわけではない。いわゆる発展途上国に、貧困や飢餓から脱却するために支援物資が送られても、受け入れた側が、それらの物資を公正に配分することなく、権力者が独占してしまうようなことがあれば、SDGsに向けた努力が機能したとは言えない。

また、SDGsに取り組んでいる企業や団体が、「私たちは何番と何番に取り組んでいます！」と受け止められるようなキャッチフレーズや宣伝を行っている場面に出くわす場合があるが、こうした姿勢はSDGsに取り組む最初のきっかけとして決して否定されるべきではないものの、そこで留まってしまうなら、より深く総合的にSDGsを実践していく視点であるとは言えまい。

地球の持続可能性を脅かす犯人は？

そうしたSDGsの背景を考える時、そもそも地球の持続可能性を危機に陥れているのは「誰」なのか、と言う問いかけから逃れることはできない。答は、言うまでもなく「人類」であり、とりわけ産業革命期以降の人類の営みが最大の原因であることは論を待たないであろう。

そもそも人類は、46億年におよぶ地球の歴史において最も新しく登場した生物の一種に過ぎない存在であり、人類の生存や持続可能性は、当然のことながら、地球が生物の生息可能な環境を維持することが前提になっている。

しかし今や、地球環境総体と人類の文明の間において、これほどまでの対立図式が成立してしまったことこそ最大の危機であり、その対立をどう受け止めるべきかが問題なのである。それは、本来、地球に付着して生息する人類が、もはや、地球に危害を及ぼす害敵になりつつあることの証左かも知れない。

そのことを逆に人間社会の在り方から考えてみると、人類の歩みの中で、自然の一部としての動物の本能を今日ほど失った時はないと言うことではなかろうか。そのことについては、後でもう少し深めたい。

新たな縦割りを作らない

先を急ぐようだが、ここでは、SDGsを推進するうえで留意すべきことを以下、４点にわたって提起したい。

一点目は、繰り返しになるが、SDGsの17の目標によって新たな縦割りを作らないことである。

レジリエンスで重視した施策の融合は、中には相矛盾した課題を想起するような多岐にわたるSDGsの目標の推進において、とりわけ重要である。そもそも経済発展によって飢餓や貧困をなくすために、結果として乱開発が進められ、環境破壊を招くという事態は、我が国においても高度経済成長期に経験したことであり、SDGsの個々の目標が、相互にどのように関係し、影響し合っているかを認識し、課題解決に向けて連携させることが重要であることは言うまでもない。

その意味で、SDGsは、敢えて例えるなら、17本の柱で桶を作って水を入れる作業であり、それぞれの柱の間に隙間があっては役に立たないし、柱の長さが異なって、一本でも短い柱があれば、それ以上は水がたまらない。

その隙間を埋め、高さを調整する役割を担うのが、レジリエンスの理念や行動様式なのである。

つまり、様々な条件や要素を繋ぎ合わせ、柔軟に、粘り強く、復元し、代わりの方策を見出し対応するというレジリエンスの手法が、まさにここで求められているのである。

レジリエンスとＳＤＧｓの関係
〜桶に例えると〜
人類・社会の発展
ＳＤＧｓの目標
ＳＤＧｓの目標は桶を形づくる板のようなもので１７の板を隙間なく並べ，高さを揃えることが大事。一つでも低い板があるとそこから水が漏れてしまう。
↓
ＳＤＧｓは他とのバランス見て，目標を達成することが大事
一方，レジリエンスを高める取組は桶の底を強固にしたり，板に隙間が無いように調整し，水が漏れないようにするもの。
↓
レジリエンスは，ＳＤＧｓの達成の土台や調整機能として車の両輪の関係
レジリエンス

＜京都市提供資料＞

当事者意識の養成

二点目は、企業、行政、大学、地域団体、NPOをはじめ、あらゆる分野の構成員が、それぞれ当事者意識を持って取り組むことの必要性である。持続可能な社会は、決してひとりでに出現したり、他者から与えられて実現したりするものでない。

つまり、その社会を創出する担い手として努力することによって初めて、実現した社会の構成員に相応しい存在に成長できるのであり、したがって常に担い手を育成し続けなければ持続可能たりえない。

そのためにも、社会全体において、またそれぞれの地域に根差した活動において、市民一人一人のライフスタイルの転換を含め、SDGsを実践できる担い手を育てることが不可欠なのである。

都市文明の見直し

三点目は、社会のそれぞれの単位が、食料やエネルギーを含め経済的にも可能な限り自立していることであり、今日の都市文明に対する見直しである。それは究極的には東京一極集中の打破でもあると言えよう。

つまり、SDGsの達成のためには、それぞれの地域が魅力ある存在として持続可能であり続け、現状のように東京をはじめとする首都圏にすべてが集中する仕組みから脱却した地方創生が求められる。そのことは、くり返しになるが、首都直下型地震や富士山噴火など遠からず発生するであろう万一の災害時への備えとして、東京が首都として機能しなくなった途端、国家機能全体がストップすることがないようにするという意味で、国家のレジリエンスのためにも極めて重要なのである。

縮小社会への対応

最後に四点目は、既に始まっている、いわゆる右肩下がりの「縮小社会」への対応である。これまで私たちが経験してきた右肩上がりを大前提とする経済成長至上主義ともいうべき将来展望は、我が国では、もはや現実的には極めて困難と言わざるを得ない。

当然、就労人口の大幅な減少や消費の低迷を含め、これまでとは全く次元の異なる社会システムが登場せざるを得ない筈である。人口減少をはじめとする縮小社会への移行を前提に、利便性や経済性のみに依存することなく、心豊かで安全に過ごせる持続可能な社会を創出することが求められている。

そして、こうした先行き不透明な事態に対して、いかなるダメージを受けても元の状態以上に復活し、あるいは元の状況とは異なる形で回復しようとする理念こそ、レジリエンスなのであり、SDGsという目標に対しても、レジリエンスが車の両輪として機能して初めて、持続可能な社会が「持続」される、別の表現を用いれば、持続可能な社会のシステムが可能となるのである。

このように考えるとSDGsは全世界で、また我が国においても津々浦々で展開されている取組ではあるが、あくまでも2030年までの目標の例示であり、SDGsさえ達成できれば完結するものではない。

このようにポストSDGsも展望しつつ、そこから先の継続的な課題に対してもレジリエンスと結びつけて取り組むことによってこそ、真の展開が図られるのであり、そうした長期的視点は、言うまでもなく「レジリエント・シティ」に選定された京都に課せられた重大な使命でもあると言えよう。

第10章

新型コロナ禍と
レジリエンス

人形供養　宝鏡寺（10月）

10-1　私たちが直面する危機

さて、2020年はコロナに始まり、コロナに翻弄された一年であり、残念ながら、その状況は2021年も続いており、収束の見通しは立っていない。

例年1月に開催される世界経済フォーラム、通称「ダボス会議」では、毎年、その時点でのグローバルリスクについて、影響度の大きさ、発生可能性の両面から、分析を行い、項目が列挙されており、感染症も例年、重要項目として常に掲げられているとは言え、必ずしも最大の位置づけではなかった。

2021年は会議の開催自体はシンガポールに会場を変更して行われる予定だったが中止となったものの、グローバルリスクは例年どおり既に発表されている。

そこでは、影響が大きいリスクとして、1位に感染症が挙げられ、気候変動の適応失敗、大量破壊兵器、生物多様性、天然資源危機が上位5位までを占めている。昨年は、大量破壊兵器が断然1位となっていたのだが、さすがに感染拡大が世界中に多大な影響を及ぼすもとで当然の結果となった。

危機は新型コロナだけではない

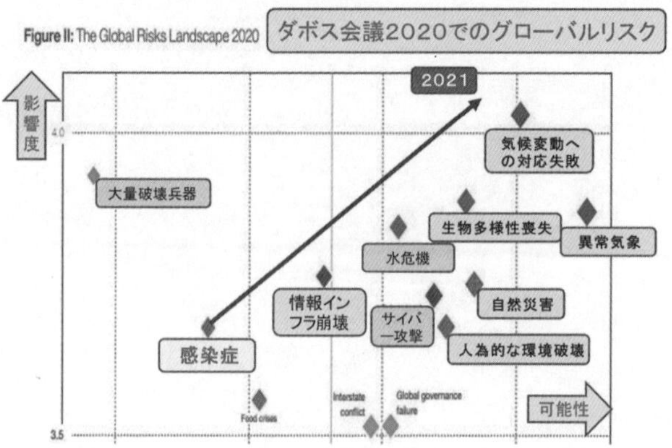

＜世界経済フォーラムが発起する「グローバルリスク」
(WORLD ECONOMIC FORUM 資料を加工）＞

また発生の可能性の高いリスクとして、異常気象、気候変動の適応の失敗、人為的な環境災害、感染症、生物多様性の喪失が上位５位までに挙げられた。実は感染症は、昨年は上位10位には入っていたが、ここまで上位ではなかった訳で、現実に起こっている現象が反映されていると言えよう。

因みに昨年はまさしく、新型コロナ禍が始まろうとしていた最中に、このグローバルリスクが発表されたが、先に挙げた、気候変動の適応失敗、大量破壊兵器、生物多様性などが提示されていた。

忍び寄りつつある様々な危機

このことは、新型コロナのような感染症に対する読みが甘かったということよりも、いつ起こっても不思議ではない危機が、感染症以外にも既に私たちの目の前に数多く待ち受けていることを示していると言えるだろう。

つまり、あらゆる危機への対応を想定するレジリエンスの視点で考えれば、今、こうしているうちにも、別の危機が迫っていることは間違いないのであり、感染症も新型コロナだけとは限らない。とりわけ自然界においては、そうした想定外の事態が起こりうることを覚悟し、また人為的な事象に対しても、将来の危機を予測し、対処することなくしては、レジリエンスを語ることはできないのである。

くどいようだが我が国においても、南海トラフ地震や首都直下型地震、さらには富士山の大噴火など、あらゆる事象を想定外にすることなく対処することが求められている。加えて、集中豪雨、河川氾濫、土砂災害、強風など、気候変動に伴うと考えられる様々な異常気象が起こり、50年に一度の稀な現象を想定している筈の特別警報が、毎年のように発出されていることを真剣に受け止める必要がある。

私たちは、ややもすると目の前の課題や危機にばかり注意を奪われてしまいがちである。新型コロナ禍は、まさに今、私たちが人類の英知を結集して対処すべき課題ではあるが、そのことによって、感染症以外のリスクに対する備えを疎かにすることは許されないのである。

10-2 新型コロナへの対処における課題

新型コロナウィルスに関しては、潜伏期間の長さや発症していない期間での感染力の強さ、重症化した場合の致死率の高さなど、様々な特徴があることが知らされているが、専門家の中でも、今だに評価や対応等への意見が分かれているようである。いずれにせよそうしたウィルスの特徴に伴う感染拡大の危機が指摘されて以降、様々な社会活動に大きな影響を及ぼしてきた。

特に濃厚接触による感染リスクが大きいと言われることから、いわゆる「三密」、即ち密集、密閉、密接を避けることが徹底的に求められてきた。

そして三密回避を実現するため、リモート・ワークの推進や時差出勤、様々なイベント・催しもの・コンサート等の中止・延期、そして飲食店の営業自粛など、様々な対応策が打ち出されることとなった。

こうした対応は、感染拡大を防ぐという点だけを考えれば、一定の効果が期待できることは言うまでもない。逆に少しでも手を緩めると、再び、あっという間に感染拡大が始まってしまう。

結局、人間がどの程度、移動し、接触するかが決定的な影響を及ぼす、という今回のウィルスそのものの特徴によって、様々な社会活動に大きな支障を与えてきた。

マスクの着用についても、我が国ではほぼ完全と言えるほど徹底されているが、筆者の認識では、自分がうつされることへの心配以上に、他者に感染させてしまうリスクを防ぐ効果が指摘されてから、着用率が飛躍的に高まったように感じており、国民性や文化力を物語っていると言えそうである。

新しい生活様式と真の健康

また、新型コロナウイルス感染症対策専門家会議においても、「三密」の徹底を推進する「新しい生活様式」が提言されたが、個人的には、率直なところ、その内容にいささか疑問というか、物足りなさを感じたことを記憶している。今回のコロナの最大のリスクは、感染によって生命が脅かされることは当然のこととして、寧ろ、人と人の接触を断ち切らせることにあるのではないだろうか。

特にこの間、「三密」と共に、「不要不急の外出を控える」という言葉が常套句となったが、この不要不急の行動の中に、文化・芸術、さらには教育まで含まれてしまったことは極めて残念である。

世界保健機構（WHO）の憲章の定義を待つまでもなく、健康とは、身体的健康だけでなく、精神的健康、社会的健康も含んでいることを踏まえるなら、感染予防に留意しつつ、文化・芸術活動を通じて、精神的にも社会的にも健康を保持でき、しかも人々が、誰一人取り残されることなく、安全に過ごせる持続可能な社会においてこそ、安定した経済活動も展開できるのではないか。

そして接触が断ち切られても関係が維持され、協力や支援をむしろ強化するために、私たちが生活スタイルをどのように改めるべきかが問われているのである。

感染を完全に防ぐという限られた意味での生活様式としては、専門家のご意見をしっかりと聞くべきだろうが、今回のコロナ禍が私たちの社会に何を問いかけているのか、何が試されているのか、という視点に十分に踏み込まないなら、いかに「新しい生活様式」を唱えても、いささか表面的なものに映ってしまうと言わざるを得ない。

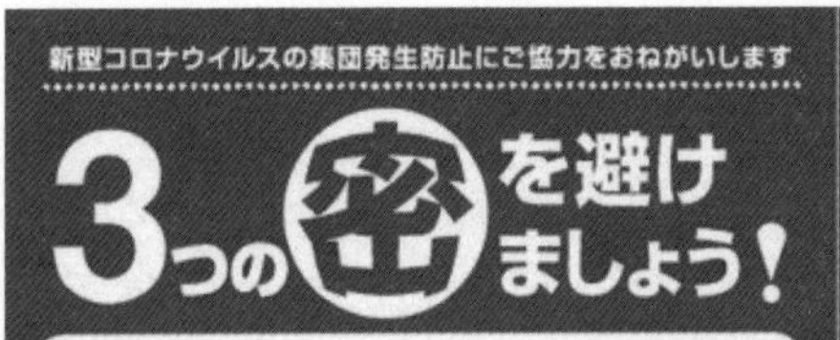

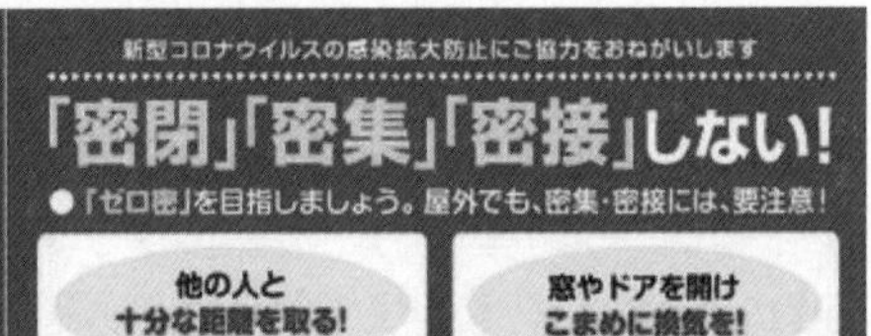

地域の繋がりや支え合いをどう維持するのか

その意味で、地域の繋がりや支え合いの重要性は言うまでもなく、コロナ感染以前から様々な議論が広がりつつあった、物の豊かさや便利さ、お金の価値ばかりが強調される拝金主義に染まった経済成長至上主義の限界が、しっかりと議論される必要があるのではないだろうか。

加えて、人口が減少し、経済成長にも陰りが見える中での縮小社会到来への対応、さらには弱肉強食を助長する新自由主義が強まる今日の資本主義の次のステップとしての、定常型社会の在り方などについても、今回のコロナ禍は、好むと好まざるに拘わらず、社会全体の課題として検討すべき大きな転換の契機となり得る筈である。

また、もっと身近な課題として挙げれば、地域社会や子育て環境、福祉事業の在り方、思うように外出することや他者との接触が難しい場合のストレスの発散方法、特にそこでの文化・芸術が果たすべき重要性などについても、「新しい生活様式」と言う限りは、市民感覚に照らして具体的に問題提起し、共通認識にしていく必要があるのではないだろうか。

京都の強みである地域コミュニティを支えてきた区民運動会や地蔵盆は、2020年は残念ながら、ほぼすべて中止となった。祇園祭や時代祭をはじめ地域に密着した祭礼も多くが実施を見送ったり、最小限の神事にとどめたりするような対応が行われ、2021年も同様の状況が続いている。

さすがに、こうした事態が2年も連続すると、再開が難しくなる、つまり継続が危ぶまれる行事が出てきても不思議ではないだろう。

新型コロナ禍の最大の恐ろしさは、実はそうした人と人との協力で脈々と引き継がれてきた日常を破壊してしまうことなのかも知れない。その意味では、感染拡大の予防に万全を期しつつ、可能な範囲で最大限の取組を継続する勇気こそ、求められているのである。

この間、レジリエント・シティの世界のネットワークを通じて他都市の情報も一定共有しているが、例えば、ナイジェリアからは、外出を自粛することは、労働対価を得られず、餓死することを意味しているという切実な報告も聞いている。彼らの家には、食糧も安全な水も確保されていないのである。その彼らに「Stay Home」を指示することが、どのような結果を意味するか想像に難くない。

都市の脆弱性を直撃した新型コロナ禍

さて、この度の新型コロナ禍は、グローバル社会の課題や都市の脆弱性を浮き彫りにする出来事だった。従来の感染症拡大と比べて、今回の新型コロナ禍に特徴的なことは、グローバリズムの一層の進展の中で、感染が瞬く間に全世界に拡大したことである。その原因となったのは、言うまでもなく経済活動等に伴う人の往来であったし、それを可能にしたのは全世界に旅客機等により、人や物が迅速に、具体的に言えば、感染した人が発症するまでの限られた時間内に往来できてしまうような環境であったと言えよう。

同時に、人口が集中している都市部での感染の広がりが、我が国をはじめ多くの地域で見られたことではないだろうか。「密」がおこりやすい場所は、基本的に便利で快適な場所であり、情報や物資も集中している場所である。逆に、農村部や山間部では、意図的に人を集めない限り、不特定多数の人間が集中する空間は発生しにくい。

つまり、グローバリズムの進展の中で生み出された経済効率や利便性、そして都市への人口や物資の集中が、結果としてパンデミックを引き起こしやすい状況を作り出していることは否定できないのである。

また、グローバリズムの結果、発展途上国を中心とする森林開発など気球規模の環境破壊が一挙に進み、生物多様性が大きく損なわれていることも論をまたないし、先に触れたように、生物多様性が失われることで、ウィルスの寄生先が、もともとは人類から遠い野生動物であったにもかかわらず、その生物が絶滅、減少することで、人類と言う新たな寄生先を求めることになるケースが増えていくと危惧される。

そして、ひとたび感染が拡大した都市において、経済活動の自粛や経済弱者へのしわ寄せなど大きな課題が付きまとう。既に緊急事態宣言の中で、そうした状況がくり返されており、物質的には豊かで便利な都市であるからこそ、都市の強みを否定するような施策を講じることには、厳しい代償を求められることになるのである。

10-3 コロナを克服することは、以前の社会に戻ることなのか？

繰り返してきたように、レジリエンスとは、一般に、外からの圧力に対して、しなやかに持ちこたえ、元に戻る状態や資質を意味するが、一般的な回復力、復元力とは異なり、前以上に良く復興するBuild Back Better、あるいはラグビーボールのような前と違った形での跳ね返り、立ち直りという意味が含まれる。

持続可能性を維持するためにも、様々な試練や危機に直面し、落ち込むことは当然あり得るが、いかにしてその落ち込みを小さく止(とど)め、以前にも増してより良い状態に復元するか、というレジリエンスの観点からは、今回の新型コロナの収束が目指すものは、決して感染以前のレベルに復帰するとか、以前の社会にそのまま回帰することであってはならない筈である。

その意味で、今後、大きな役割が期待されるのは、ICTの進歩であると言えよう。多くの企業や事業所で在宅ワークが様々な形で取り入れられたし、オンラインでの会議もたちまち定着した。

おそらく、こうしたインターネット、情報通信の活用は、今回の経験を契機に飛躍的に拡大すると思われるが、一方、在宅ワークや時差出勤などは、このまま定着するのか、意外と早く以前の状態に戻ってしまうのか定かではない。

逆に、在宅ワークの普及によって、結果として事実上の拘束時間が却って増えるようでは困る。

先に述べたように、レジリエンスの視点で最も重要なことの一つは、様々な施策の融合であり、そのための行政における縦割りの弊害の打破である。さらに行政だけで事を進めるやり方からも脱却し、市民を含む多くの関係者による協働が不可欠なのである。

ワクチン接種のあり方や情報伝達

新型コロナ禍への対応として決め手になると、早くから指摘されてきたワクチン接種であるが、ようやく、ここへきて大きく前進してきたことは、医療関係者をはじめ多くの皆さんのご尽力の賜物である。

京都市を含め各自治体では、ワクチン接種にあたって、市民に無用の不安や混乱などを生じさせないよう、様々な工夫を凝らして来たところであるが、ワクチン接種の情報が、接種を希望する方に正しく伝わっているか、そしてそのために、地域コミュニティや各種団体に的確な情報と要請が届いているかどうかということも重要な視点である。

特に京都市独自の制度である市政協力委員や民生委員・老人福祉員、社会福祉協議会、さらには保健協議会といった京都ならではの地域の宝とも言うべき団体のリーダーに、的確な情報がしっかり行き届いているか、点検が必要であろう。

専門的な医療従事者との連携は不可欠だが、日頃からの地域の繋がりや市民検診などの仕組みを「市民力」として、こうした危機においてこそ有効に活用すべきである。加えて、重要なことは、今後の様々な事業の復興に向けた取組や準備をしっかりと進めることである。

新型コロナ禍の影響は、観光や飲食、交通関係等の業界で深刻さを増しているが、同時に忘れてはならないことは、先に述べたように昨年から既に二年間、区民運動会や防災訓練、地蔵盆、様々な祭礼など、地域のエネルギーの源になっている取組が、ほぼ事実上停止してしまっていることである。

その結果、当然、自治会・町内会の加入率低下をはじめ、各種団体の活動のノウハウが途絶えることや事業が再開できない状況も危惧される。

不要不急にしてはならない文化・芸術・教育

新型コロナへの感染拡大防止においては、感染者の隔離、接触防止が最優先されたため、「不要不急」の外出が制限され、海外との物流や人的移動も大きく制限された。その結果、企業活動はもとより、観光、交通、飲食、イベントなどの多くの事業が直撃を受けることとなった。

特に初期対応において、学校の一斉休業がいち早く行われたが、子育て家庭の生活や子どもの育みに与える厳しい影響について、どこまで配慮されたのか、いささか疑問である。

感染拡大を防ぎ、医療崩壊、感染爆発といった最悪の事態を避けるため、集中的かつ迅速な施策や対策が必要であったことは言うまでもないが、レジリエンスの視点で考えれば、こうした負の連鎖を想定し、例えば学校を休業にする際に、単身親家庭、共働き家庭、経済的困窮家庭等において、どのような影響がでるのか、先手を打って対策を講じることが求められたが、明らかに後手に回っていたと認めざるを得ない。特に生活保護世帯や準要保護世帯であれば、学校給食は全額補助が出ていたのに、休業中はその補償だけがなくなった。子ども食堂など地域でボランティアの方々を中心に行われている取組も、多くは中止せざるを得ず効果的な施策としては殆ど対応できていなかったのではないか。

因みに、同じ時期にロックダウンを行ったシンガポールなど海外の都市では、既に子どもたちの家庭にパソコンが配備されて、インターネットによる遠隔授業ができるよう条件が整えられていたことなどと比べると、経済的には決して貧困ではない筈の日本において、教育環境があまりにも遅れていた現実を目の当たりにしたのである。

とは言え、我が国では他のいくつかの国のような、ロックダウンと言う市民生活を法的にも厳しい統制下に置く強制的な対応を行うことなく、市民の自主的自発的な行動によって、ここまで対応してきたことは誇るべきかも知れない。

しかし、不要不急の対象に、当然のように文化や芸術、さらに学校教育も含まれてしまったことは、残念であると言わざるを得ない。文化・芸術や教育は、「不急」であるかどうかは意見が分かれるかも知れないが、「不要」である筈がないのである。

ポスト・コロナに向けて何を変革するのか

いずれにせよ、ポスト・コロナが、元（コロナ以前）の社会や生活に戻ることが目標ではないとすれば、何をどのように変革するのか？

この間、辛うじて大前提となった観点は、経済性・利便性より生命・安全が重要だという優先順位が動かなかったことは、せめてもの救いであった。

また、生命や健康の有難さについても、思い知らされた感があるが、身体的に健康であることこそ生命の源であるという点が、物の豊かさ以上に大切なものがあると言う意味で、再認識されたのである。

同時に、文化・芸術・スポーツなど、経済的には必ずしも生産的ではないかも知れないが、社会的には不可欠な精神的、身体的、創造的、集団的活動の役割も、「不要不急」という抑圧的空気の中で、厳しい制限のもとに置かれることで、逆に改めて、その重要性が確認されたのではないだろうか。

京都の基幹産業とも言うべき観光についても、近年のインバウンドが一挙になくなり、業界が厳しい状況に追い込まれた。一方で、オーバー・ツーリズム、一部では「観光公害」とまで言われた状況が解消されたことで、京都の奥深い魅力が体験しやすくなり、減少傾向にあった国内観光客が回復する兆しもあると見られる。

いずれにしても、決してさほど大きくない京都のキャパシティでも、季節、時間帯、場所を集中させない工夫だけで、従来とは全く異なる観光地の風情を醸し出すことは可能であろうし、京都の文化、芸術、伝統の真髄に触れてもらえる観光を目指す意味で、むしろ大きな転換期を迎えていることは間違いないであろう。

同時に、こうした時だからこそ、新しい京都の観光の取組の中に、SDGsやレジリエンスの理念が、しっかりと組み込まれていくかどうか、今後の京都観光の方向性を確認する上で、大きな分岐点だと言えるだろう。

新型コロナ禍の中でこそ、改めて問われる地域での役割

大地震などの災害に際しては、被災地復興に向けたボランティアが早々に組織され、豊かで便利な社会で忘れがちである助け合い、支え合いの大切さを実感し、「絆」という言葉が、人々の口から出るのがごく自然に感じられた。そして、結果として地域の繋がりの重要性が再認識されてきたのは事実であるが、新型コロナ禍対策の最も難しいところは、そうした地域の触れ合いそのものを否定するところである。地震や土砂災害などであれば、既に多くのボランティアが活動している筈の時期であるのに、復興への動き出し方が難しいことなのである。

感染拡大の防止に向けた対応は、ワクチン接種と並行して、今後も当分続くことを覚悟しなければならないが、感染を皆無にすることは現実に難しい訳だから、ポスト・コロナ社会に向けた復興を目指そうとするなら、感染拡大防止に努めつつ、様々な活動を再開していく勇気が必要になる。

もちろん、この間の経験や教訓を活かし、地域コミュニティにおいても、ＩＴ機器や最新の技術を活用するなど、あらゆる英知を出し合って、単にコロナ以前に戻るのではない新しいスタイルを模索する訳であるが、その時に、肝心の地域住民の結束力や、どのような地域を築いて

いくのかという新しい時代を創造する文化力が機能しなくては、京都の強みを活かすことができないのである。

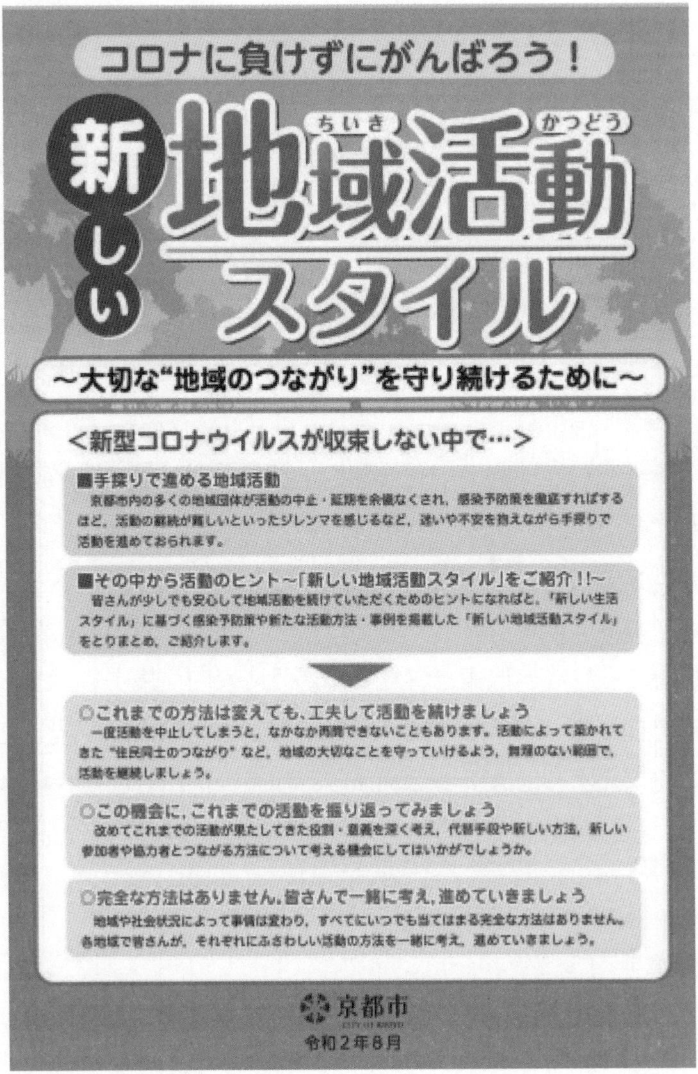

背景にあるグローバル世界の問題点

もう一点、世界をパンデミックに陥れた新型コロナ禍においては、グローバリズムの問題点、即ち、一挙に感染が拡大し、地球規模での対応が求められたことが大きな課題となった。通常の自然災害であれば、被害地がある程度特定できるため、他国からの支援が行いやすい。つまり、被害を被っていない国や地域が多く存在する中で、支援活動を含む対応が進められるわけだが、今回の新型コロナ禍では、世界のほぼ全域で感染が広がったことから、各国は、まず自国の安全を優先、つまり、「自国ファースト」の政策を推進せざるを得ない状況となった。

また国を越えた人的交流が難しくなったことから、いわゆるグローバル企業と呼ばれる、多くの国に支社や支店を持つ企業は、困難な対応を迫られることになった。

一方、感染経路の解明は困難を極め、社会における不安感は継続増大する一方であった。一つには、新型コロナウィルスの存在そのものを完全に終息させるといった、現実には不可能な期待をしてしまうが故に、社会全体が過度に慎重になりすぎることや、人口密度の高い都市部で感染拡大が止められない現実と併せて、過度に人口が集中し、食料もエネルギーも自立していない都市部と、一定程度の自給自足が成り立っている地方の格差、さらには医療体制が我々が思い込んでいる程には盤石でないことなども現代社会の課題として浮き彫りになったのである。

10-4 レジリエンスが求められる ポスト・コロナへの対応

その意味で、この間の新型コロナ禍において、影をひそめてもらっては困るのはSDGsである。レジリエンスについては、問題の性質上、意識の高い人々の間では、寧ろ注目が高まっているようであるが、SDGsやESG投資に関しては、とりわけポスト・コロナ社会を論じる上で、もっと議論される必要があるのではないか？

例えば、様々な活動自粛の初期段階において、既に、インドからヒマラヤ山脈が数十年ぶりにくっきり見えたエピソードが物語るように、SDGsの達成に関わって、地球環境の悪化を抑制する意味においては、新型コロナという外圧が、皮肉にも一定の貢献をしたということもできる。

またこうした深刻な危機においては、脆弱な状況や立場に置かれている層に、常に深刻な影響が及ぶことも認識する必要があろう。その点でも、SDGsで掲げられている「10 不平等の是正」、「16 平和で包摂的な社会」や「17 グローバル・パートナーシップの活性化」といった目標は重要な意味を持っている筈である。

今こそSDGsの推進が問われている

さて、今回のコロナによって深刻な打撃を被っている飲食業者は、営業をつなぐ意味で様々な努力を続けておられる。その中の一つがテイクアウトであろう。こうした取組に支援の輪が広がっていることは、素晴らしいことであるが、敢えて注文を付けるなら、テイクアウトの容器は、プラスチックを使わずにできないのか？という疑問は残ってしまう。

コロナで大変な時に、そんな些末な指摘はすべきでないと言われそうだが、様々な課題を同時並行に解決していかなければ、長期的な視点ではやはり禍根を残すことになりかねない。

そうしたSDGsの視点を明確にすることで、地球環境全体の課題の中で、人類社会がどうあるべきか、決して無限ではない地球の水や空気を、いかにして持続可能にしていくのか、考え行動していくことが、まさに求められているのである。

つまり、新型コロナ禍によって、社会の在り方そのものが大きく問われているのであり、そうした厳しい状況にある昨今、だからこそSDGsを重視すべきなのか、SDGsにまで手が回らないのか、その大きな分岐点に私たちは立っている。

そのことは、SDGsの達成を視野に入れて、戦後、著しい経済発展を遂げた我が国が、従来の経済成長至上主義を前提とする社会システムを変革する方向に舵を切ることが出来るのか、また既に急激な人口減少に突入しようとしている我が国が、縮小社会に向けて世界のモデルとしての役割を果たすべく挑戦しようとするのか、あるいは今日の社会システムの変革そのものに手を付けることなく、それぞれの目標を切り貼りして、個別に可能な範囲で取り組む対象とすることで甘んじるのか、大きな選択肢なのである。

ただし、SDGsは、今日の社会の課題を克服していくための総合的な目標を提示したものではあるが、目標年次の2030年は、あくまでも通過点である。決して否定的な評価をするつもりはないが、SDGsさえ達成できれば問題が解決するのかという点では、決してそうではない。第９章でも述べたようにSDGsの先を見越したところでの社会のシステムの抜本的改革が必要なのではないだろうか。

まさに、その際にキーワードとなるのが、いかなる事態に対しても柔軟かつしなやかに対応し、ダメージを受けても様々な引出しを駆使して施策の融合と社会的包摂を重視しつつ、前以上により良く復活し、あるいは違った形で回復する「レジリエンス」なのであり、レジリエンスの構築こそが、目先の「持続可能な開発」ではなく、先に述べた「社会の持続可能性の開発」において最大の指標となるのである。

10-5 都市文明の在り方を見直す機会に

現代の都市文明が利便性や物質的な豊かさにおいては、優れているように見えても、ひとたび、自然災害やシステムの障害など、危機に直面すると、決して持続可能な存在ではなく、むしろ脆弱であることが、新型コロナ禍において、一層顕著になったのではないだろうか。

人口や密集しているにもかかわらず、人間関係が疎遠である現代都市の弊害は、様々な危機に際して臨機応変に人々が相談し、それぞれの条件に見合った形で協力し合う形とは程遠いであろう。

また、確かに多種多様な人々は集まっているかも知れないが、そのことは多様性の尊重を必ずしも意味しない。

自然が乖離した都市文明

都市の持続可能性における課題は、何といっても、エネルギーや食糧の供給を中心に、多くの分野で自給自足が出来ていないことであろう。

そのことは、物質的に自給自足が出来ていないと言うことだけでなく、人間本来の生活様式、つまり自然との共生という意味でも乖離していることを意味するのではないだろうか。

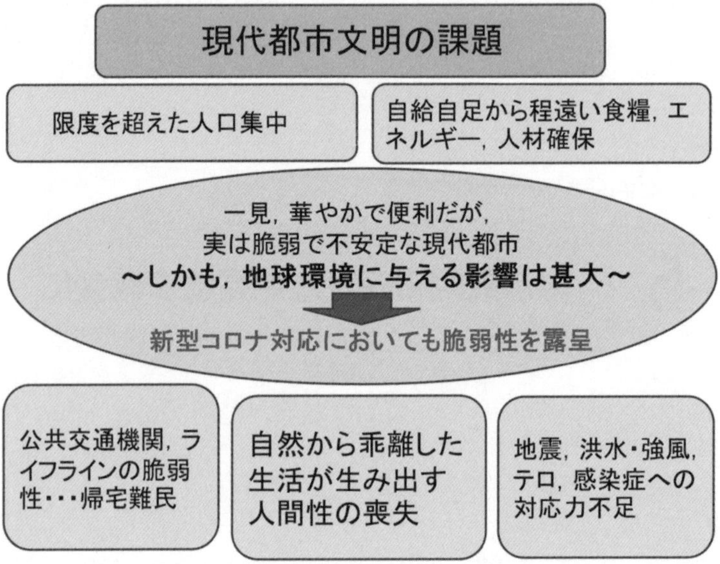

現代都市文明の課題
限度を超えた人口集中
自給自足から程遠い食糧，エネルギー，人材確保
一見，華やかで便利だが，
実は脆弱で不安定な現代都市
～しかも，地球環境に与える影響は甚大～
新型コロナ対応においても脆弱性を露呈
公共交通機関，ライフラインの脆弱性・・・帰宅難民
自然から乖離した生活が生み出す人間性の喪失
地震，洪水・強風，テロ，感染症への対応力不足

人間は、本来、自然と共に、否、自然の一部として生を継続してきた。自らが生息することが可能な範囲でこの地球に存在してきた人類が、都市に代表される文明のもとで、自然を支配下においたかのような錯覚をしてしまった延長線上に、異常気象や自然災害をはじめとする今日的な地球環境の問題を生み出しているのではないだろうか。しかも、先に述べたように、その都市文明に吸い寄せられるように人類がどんどんと移住し、その結果、地球全体に及ぼす影響は益々悪化していくと考えざるを得ない。

その意味では、災害に対して被害を増大させることが都市の脆弱性を意味する訳ではなく、人々が快適に便利に過ごしている間にも、地球の持続可能性を損なう影響を与えている可能性が大きいのである。

したがって、都市の経済活動や生活文化の在り方が、益々地球環境に大きな影響を及ぼすことを認識したうえで、自然との関わりを見直し、そこに暮らす人々のライフスタイルや価値観を転換することこそ、人類が地球環境の破壊者となることを防ぐ持続可能な社会への道だと言えよう。

そうした危機意識のもとで、都市の在り方を見直していくことこそ必須であるという点が、レジリエント・シティの基本命題の一つなのであり、同時にSDGsの推進とも密接に関わっているのである。

（CROコラム６）

「レジリエンスと持続可能性」

これら二つの言葉は、よく似ており、相互に結びつきつつ、究極的な目標は同じだと思います。

「持続可能性」は、一般に、様々なシステムが適切に維持・保全され、概ね順調に発展することを意味しますが、「レジリエンス」では、状態に浮き沈みがあることを踏まえ、仮に落ち込んでも、創造性を発揮して回復し、元の状態以上に発達、発展するという変化が前提になっています。

第11章

人類と自然との関係から考えるレジリエンス

筆供養　正覚庵（11 月）

11-1 人類と感染症

新型コロナウィルスは、人類にとって闘いの相手なのか？打ち勝つ対象なのか？この素朴な疑問に対する答えは、紛れもなくNO！であり、人間は、あくまでもコロナウィルスと同じように、自然界の一部である、ということであろう。そもそもウィルスや細菌の多くは、人類の誕生以前から存在しており、地球の歴史においては、人類の方がはるかに新参者なのである。

ウィルスは動植物や細菌のような、生物の範疇には含まれないとしても、地球に生命体が誕生する過程で、人類よりも遥かに以前に登場したことは間違いない。同時にウィルスは、それ自体としては生存し続けることができず、何らかの生物に寄生することで増殖していく特徴から考えると、寄生先の生物の命を奪ってしまっては、目的が達成されないことになる。

人類の方から感染症に接近

したがって、しばしば指摘されていることであるが、ウィルスの感染によって、寄生先の生物が死滅するのは、彼らにとってプラスにはならない。むしろ、ウィルスには直接責任のない、気候変動や乱獲、自然破壊等によって、もとの寄生先の生物が減少あるいは絶滅することによって、他の生物に寄生先を変えざるを得なくなるのであり、先にも触れたように、もともとは人間とは殆ど縁のない、つまり自然界の奥深くに生息していて、人間が接触する機会のない生物が寄生先となっていたものが、人間に近い生物に寄生先が移り、さらには人間そのものが寄生先となるというパターンが多いようである。

その意味では、新しいウィルスの感染をもたらす原因は、自然界における何らかの変化が引き金となっており、この間の気候変動や環境破壊の実態を考えると、人間の行為が引き起こした事象である場合が少なくないことは否定できまい。

したがって、レジリエンスの視点で、人間も自然の一部であり、自然の支配者ではないという考えに立てば、新型コロナであれ、遠くない将来登場するかも知れない未知の新型ウィルスであれ、人間だけの都合で片付けられる問題ではないし、そもそも原因の一端は必ず人間にもあると言えそうである。

感染症の発生・拡大は、細菌やウィルスの方から人類社会に侵入してくる場合だけとは限らない。つまり逆の側面から見ると、人類の方から細菌やウィルスの世界に立ち入ったことによっても起こりうる。

感染症の歴史を解説した書物などを見ると、人類の感染症の始まりも、野生動物の家畜化や農耕文化による定住化の結果と関係が深いと言われている。

動物は人間とは異なる寄生虫や細菌、ウィルスを保有している。そして、人間の側から、野生動物が保有する細菌やウィルスに接近し、彼らの新たな寄生先となる場合も少なくないのである。

つまり、人類が活動エリアを拡大し、他の生物を支配下におくことで、常に新たな「人獣共通感染症」のリスクを繰り返し呼び起こしてきたのである。

感染症が原因となった先住民の文化の滅亡

また、細菌やウィルスを運んだり、媒体となったりするのは、空気、水、あるいは動物に限られるのではない。ひとたび定着した感染症は、人間自身によって伝播し、拡大していく場合が多いことも、既に歴史が証明している。同じ人類であっても、適応力や抵抗力に差があることや、気候風土の変化がウィルスの増殖に及ぼす影響も考えなければならない。

今も新たに巨大遺跡が発見されるマヤ文明は、ヨーロッパの侵略者によって持ち込まれた天然痘やはしかによって人口の９割を失ったとされている。逆に梅毒などは、南米大陸からヨーロッパに持ち帰られたと言われているが、現地の住民には既に一定の免疫ができていたため、ヨーロッパでだけ猛威をふるうことになったようである。

同じ人類であっても、適応力や抵抗力に差があることや、気候風土の変化がウィルスの増殖に及ぼす影響も考えなければならない。

今回の新型コロナウィルスがどこから来ているかは審らかでないが、いわゆるコロナ型と呼ばれるウィルスは既に発見されていたし、新型インフルエンザ、SARS、MERSについても、この20年の間に私たちが経験した新たな感染症であったことを考えるなら、感染拡大は、なんら唐突なものではないと考えるべきであろう。

今回のパンデミックスは、約100年前のスペイン風邪や、中世以降のペストともしばしば比較されるが、地球の歴史全体における時間推移で言えば、数百年などはほんの一瞬でしかないのである。

11-2 エネルギー問題と自然

いずれにせよ、自然からの一方的支配からの脱却を目指した近世自然科学によってもたらされた文明は、逆に、自然を支配し、自然の恵みをいかに効率的に奪取できるかを求めて加速度的に発展していく。

ルネッサンスにおいて目指された人間性の復興も、自然や神に一方的に支配される人類の解放という意味で、重要な役割を果たしたことは言うまでもないが、アメリカ大陸への到達や地球一周を達成する中で、ヨーロッパに限定されていた自然支配への欲求が、全地球規模に広がるうえで、ヨーロッパの自然科学の発展は、大いに貢献することになった。

産業の発展に伴う地球からの奪取の増大

一方イギリスで16世紀に起こった「囲い込み」運動においては、平原や農地など、いわば「コモンズ」と呼ばれる共有の自然資源が個人的占有の対象とされた。そこでは人間にとって豊かな恵みをもたらす大いなる大地は、無限の利益を得るための標的とされていったのである。

そして、産業革命を迎える。石炭という地球が何千万年以上もかけて蓄積してきた化石燃料が、まず奪取の対象となり、工業化によって、地球環境に大きな変化が生じた。

地球温暖化に関して平均気温の推移を検討する際の出発点が、産業革命期に置かれるのは、まさにこうした工業化によって地球環境に大きな変化が生じ始めたと考えるからである。

その後、石炭に代わって石油が工業化を一層促進し、大気や海水への影響は益々著しくなった。そこへきてようやく、人類は地球環境が決して無限ではなく、限りがあることを本気で考え始めたのであるが、先に紹介した1972年にローマクラブで「成長への限界」として指摘された視点は、まさに、化石燃料に限界があること、人口が爆発することで食糧危機が訪れ、地球環境が破壊されることであった。

こうして46億年に及ぶ、地球の歴史において、生命を育んできた大いなる大地を、工業化が始まって僅か250年の人類の限界のない欲望によって破壊しつくしつつあるのである。

地球の歴史を24時間に置き換えたとすると、20万年前のホモ・サピエンスの登場は23時59分57秒あたり、産業革命に至っては、残り１秒を切った「瞬間」の出来事である。

因みに、恐竜が絶滅したのは巨大隕石の衝突が原因であったことが定説となっているが、それでも当時、生息していた生命体の８割が絶滅するような地球環境の変化は、決して一瞬ではなく、数年間にわたって起こったと言われている。同時に、そうした状況の中でも地球から生命体が全て失われなかったことは、地球という惑星レベルでのレジリエンスだったと言えるのかも知れない。

避けて通れない原子力発電問題

その点で、どうしても避けられないのはエネルギー問題とりわけ、原子力問題である。

いわゆる化石燃料と呼ばれる石炭、石油は、数億年から数千万年、少なくとも数百万年単位で、地上の生物や植物が蓄積されていた歴史的な存在である。もちろん、決して、無限な資源ではない。しかし、人類は、そうした化石燃料を、工業化が始まって以来、250年の間に、消費し続けて、一時期は、数十年先には枯渇するとまで言われた。シェールガスや新しい油田の発見により、枯渇するまでの猶予は少し延びたかも知れないが、その将来は当然、決して未来永劫ではない。しかも、それらの化石燃料の消費によって、温室効果ガスや二酸化炭素が大量に排出され、地球温暖化を招いているのであるから、まさに喫緊の課題なのである。

同時に、二酸化炭素を排出しないエネルギー源として、原子力発電が我が国でも重要なエネルギー源となっている。しかし、原子力発電は、ある意味では「地球自爆装置」のパンドラの箱であり、化石燃料の消費とは根本的に違う深刻な課題を有していると言わざるを得ない。

1995年、ソヴィエト連邦（当時）のチェルノブイリ原子力発電所が爆発した。現在はウクライナのキエフ近郊に位置するこの発電所の周囲は、今も4000平方キロにわたって立ち入り禁止の廃墟と化したままである。

東日本大震災で被災した東京電力の福島原発も、震災から10年を経て、ほとんど何の解決の糸口も見つかっていないと言って差し支えないだろう。

<東京電力ホールディングス HP>

その一方で、国においては、ベースロード電源として、原子力発電のよる電力供給は、運用経費が低廉であると言う建前のもと、最低限必要であるとしている。同時に、安全規制委員会においては、安全性が保障された原子力発電に限って、操業を認める立場も取っている。この規制委員会における安全性についての判断には様々な意見があるが、それにしてもこれは「矛」と「盾」の関係ではないだろうか。つまり、安全性が一定水準に達しなければ原子力発電を一切認めないこともあり得るのか、あるいは、一定のベースロード発電を確保する範囲までは安全基準を緩めるのか、それさえも極めて曖昧なのである。

少なくとも、万一、事故や災害が起こった際、どの程度の被害が想定されるのか、あるいは使用済み燃料の処分に向けた技術や設備に、更に将来の廃炉にかかる経費を含めてどの程度の後年度負担が生じるのかさえ明らかになっていない現状は、レジリエンスとは全く逆の状態と言わざるを得ないであろう。

使用済み燃料を地下に貯蔵するという案は、どこかの国が計画しているような原発の汚染水を海に流出するような行為に比べればマシに聞こえるかも知れないが、人類が掘れる程度の浅い地下に貯蔵することで安全が確保できると本気で考えているのだろうか。

株主総会で京都市議案は毎回否決

因みに、京都市は僅かながら関西電力の株主になっており、株主総会に度々市長が自ら赴き、京都市の市会決議を踏まえ、「原発依存」からの脱却、再生可能エネルギーの飛躍的な普及拡大、市民・事業者の省エネの推進に向けた取組加速や、経営方針に「脱原発」を明確に据えること、原発に依存しない電力供給体制の構築を求める等の意見表明を行っているが、毎回、否決されている。

いずれにせよ、都市の在り方を考える上でも、エネルギーにおける自給自足は極めて重要であり、再生可能エネルギーの普及・開発を含め、地球環境の持続可能性を最重要課題として取り組む必要があるだろう。

しかしそのためには、同時に私たち自身のライフスタイルを見直し、家庭ごみの減量と同様、節電に努めることはもとより、企業活動を含め、社会のあらゆる分野において、エネルギー供給における自然への負荷を減少させていくことも不可欠の課題なのである。

11-3 人間はあくまでも自然の一部

自然災害は人類史上、幾度も繰り返されてきたが、エジプト文明を生み出したナイルの氾濫は、経験則上、氾濫が予測され、結果として肥沃な大地が残され文明の礎となった。

そこでは、自然の驚異に翻弄されながらも、結果として洪水のサイクルを前提としつつ恩恵を受ける英知が存在するように感じられる。少なくとも、彼らは、洪水を予見はしても、洪水そのものを防ぐために、筆者の知る限り、ダムを作ったり、堤防をかさ上げしたりはしなかったのではないか。

まさに自然の恵みを受け入れる前提として、自然の摂理を理解していく立場に立っていたのだと思う。

近世の自然科学も、元々はそうした謙虚さを持ちながら、自然のスケールの大きさや奇跡に畏敬の念をもっていたのだと思うが、どこかでそのタガが外れてしまったということだろうか。

敢えて指摘するとすれば、キリスト教等の一神教において、創造主が誕生するあたりで、自然も唯一の創造主たる神が作った存在となり、自然に対する概念が少し変わってしまったのかも知れない。

その点、日本では八百万（やおよろず）の神々が存在し、神社の祭神も、背後の山や岩であったり、巨木や森であったりする場合が多い。登場する神々も、国を作ったり、動かしたりはするが、自然を支配したり大地や海を創造するというよりは、自然からの使いであったり、自然と一体となった存在であることが多いように感じる。

こうした自然の法則を科学的に実証し、活用していく努力の中で、生産技術も進歩し、物質的な豊かさが確保されていくことになった。

さらに、それが、蒸気機関の発明によって、24時間継続した製造活動を可能とし、労働者を長時間使役することが可能となった。そして綿工業においては、力よりも、繊細な指先が求められることになり、とりわけ女性や子どもが労働力として酷使されていった。まさに搾取の対象となり、人格総体ではなく、「労働力」と言う輪切りされた価値観によって使い捨てられていったのである。

爾来、250年を経て、労働環境は、我が国においては大きく改善され、女性や子どもの権利も擁護される社会になってきたが、自然との本質的な関りにおいては、今日も何ら変化していないと言えるのではないだろうか。

そして、その究極の姿が持続可能な社会の危機なのである。

地球を守るための唯一の方法は人類の滅亡？

ここでいう持続可能の主語は、言うまでもなく自然、つまりは「人類を含む生命が生息可能な地球環境」であり、そして、その地球を最も危険な状態に貶めている張本人は、ほかならぬ人類なのである。

現状を見る限り「地球を持続可能にするための最も確実な方法、それは人類が滅びることだ。」というブラック・ジョークに反論を唱えることのできる人はいまい。

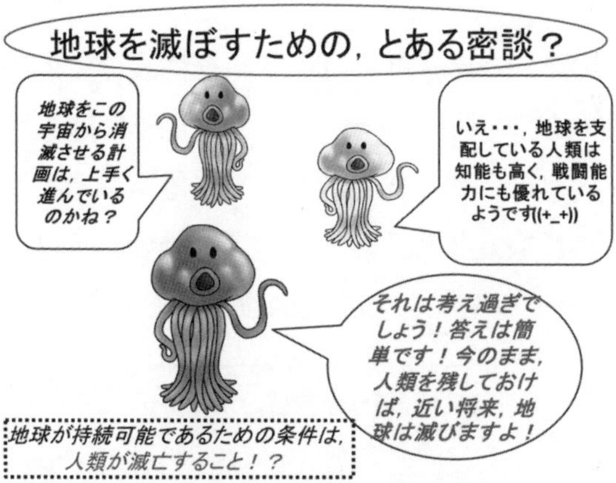

今、持続可能な社会を考える時、人間が地球の支配者であるかのごとき思い違いを前提としている限り、あらゆる努力は徒労に終わると言って差し支えないだろう。「自然との共生」という以前に、自然への畏敬や感謝こそ、持続可能な地球環境への議論を始める出発点であろうし、その前提には、人類も地球環境の一部であるという事実が原点になるだろう。加えて言えば、人類も地球に花開いた生物多様性を構成する一生物だという厳然たる事実を忘れてはならないのである。

11-4 かけがえのない生物多様性

今から2億年ぐらい前の時代なら、絶滅する生物は1000年の間に一種類だったと考えられているが、200〜300年前には４年で一種、100年前には１年で一種のペースになったとされる。それが、1975年には１年間で1000種、今では１年間に４万種以上の生物が絶滅していると報告されている。

世界132カ国の政府が参加する「生物多様性及び生態系サービスに関する政府間科学政策プラットフォーム」（IPBES）は、地球上の動植物800万種のち、約100万種が数十年のうちに絶滅すると警告している。そして、この生物多様性を考える上での最も重要な点は、人類、即ちホモ・サピエンスもその生物の一つだということである。

約100万種の動植物が数十年のうちに絶滅すると警告（世界132カ国の政府が参加する「生物多様性及び生態系サービスに関する政府間科学政策プラットフォーム」（IPBES）

IPBES報告書のポイント

- 動植物 800 万種のうち 100 万種が絶滅危機
- 過去1000 万年よりも数十〜数百倍、絶滅速度が加速
- 気温上昇を2度 C に抑えても生物種の5%に絶滅リスク
- 花粉媒介生物の減少で最大 5770 億ドルの農作物生産が損失危機
- 自然の減少は SDGs 目標の 1、2、3、6、11、13、14、15 の前進を妨げる

すべての存在は繋がっている

さて、地球環境に生命を宿す生命は、大げさな言い方をすれば、どれ一つとして、他者から孤立した存在ではあり得ない。様々な生態系において、支配関係にあったり、寄生関係、従属関係にあったり、相互協力の関係にあったりする中で、他の生物と関わり合っており、仮に、何らかの生物が絶滅したり、個体数が激変したりするようなことがあれば、生物多様性の一種でもある人類にも、当然、何らかの影響で出ても不思議ではないのである。

話題が少し変わるが、祇園祭の山鉾巡行では、それぞれの鉾や山で祇園囃子が奏でられる。独特の鉦(かね)の音色が風情を呼ぶが、あの鉦を叩いている柄の部分は、実はもともとクジラの髭を使っていたそうである。しかし、近年、クジラの個体数の減少によって入手が難しくなり、近年は樹脂製のものが多く使われている。

先に触れたように、今回の新型コロナ禍についても、もともと人類には影響の少なかった生物に寄生していたウィルスが、気候変動や環境の変化、とりわけ、いずれかの生物の絶滅や減少が原因で、より人間に近い生物に寄生するようになり、人間への感染を生み出し、人間社会に甚大な影響を与えたと言われている。

私たちが日ごろ聞いたことも、気にかけたこともない生物が絶滅したり減少したりすることで、回りまわって人類に影響が及ぶということも当然あり得るのだ。

少なくとも、今後も同様の事態が発生し、現時点では未知のウィルスや細菌が人間と接触し、感染が起こる可能性があることは想像に難くない。

また、生死に関わる感染症とまでいかなくとも、生活文化に様々な影響をもたらすことは、もっと身近に起こるであろう。

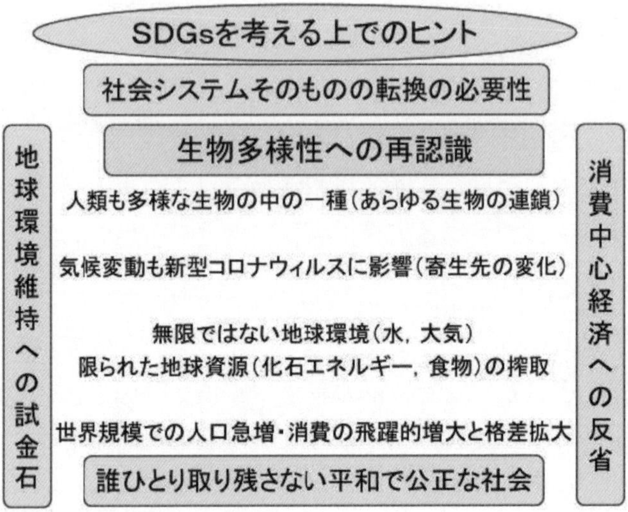

SDGsを考える上でのヒント
社会システムそのものの転換の必要性
地球環境維持への試金石
生物多様性への再認識
消費中心経済への反省
人類も多様な生物の中の一種(あらゆる生物の連鎖)
気候変動も新型コロナウィルスに影響(寄生先の変化)
無限ではない地球環境(水, 大気)
限られた地球資源(化石エネルギー, 食物)の搾取
世界規模での人口急増・消費の飛躍的増大と格差拡大
誰ひとり取り残さない平和で公正な社会

永久凍土から新たな感染？

むしろ、気候変動によって、環境が大きく変化し、海水の上昇はもとより、動植物の様々な生態系に変化が起こることは当然、予想されてしかるべきなのである。

なお、海面の上昇については、アメリカのフロリダ半島やオランダの都市など、海抜が低い都市では、洪水を引き起こす最大の原因となっているし、ソロモン諸島などの島国で、国の存在そのものが危機に瀕している事例が少なくない。

さらに、温暖化によって、永久凍土が溶け出す際に、数万年、あるいは数百万年も閉じ込められていた二酸化炭素が噴出するのであるが、この中に、現在の人類が経験したことのない細菌等が存在していて、世に放たれている可能性も否定できないのである。

同時に、生物多様性は、地球環境という生命体全体を維持するうえで、極めて重要な役割を果たしている。少なくとも、これまでの地球の歴史において、様々な生物が誕生し、絶滅していったことで、現在の地球環境が奇跡的に誕生したことを忘れてはなるまい。まさしく多種多様な生物が存在していること自体がレジリエンスの原動力なのである。

石炭、石油などの化石燃料も、地球に存在した微生物や植物が長い時間をかけて蓄積して現在に至った存在である。この百花繚乱のごとき生命の集合体が地球環境なのであり、同一の性質を有する生物ばかりでは、何らかの気候変動や条件の変化が起こった際に、一斉にすべての生物が絶滅して終わってしまう。

ある生物には生存に厳しい環境であっても、その環境を生き延びたり好んだりする生物があることで、生態系全体としては保持されてきたのである。まさに、これこそ地球のレジリエンスを象徴する自然の姿なのである。

生物多様性に限らず多様性において重要なことは、単に多様であるということだけでなく、多様であることが相互に尊重されることなのである。

第12章

経済成長至上主義からの脱却とレジリエンス

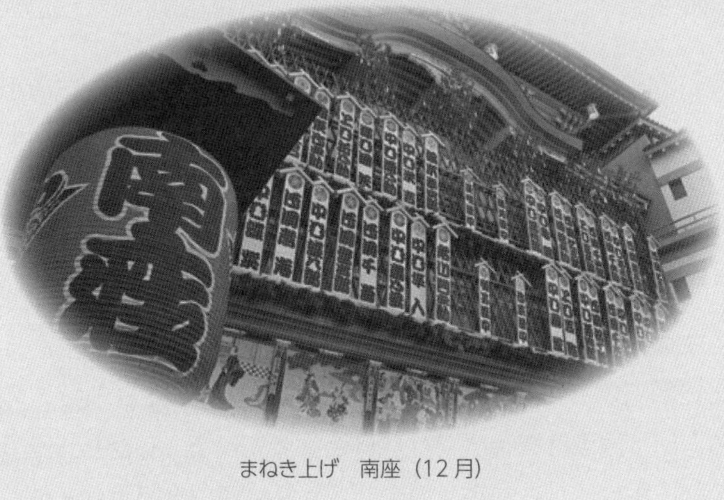

まねき上げ　南座（12 月）

12-1 経済発展と自然支配

新型コロナ禍にまつわる様々な論評の中で、資本主義の限界や課題、さらには資本主義そのものが原因であるといった論調を目にする機会が増えているようである。

しかし、資本主義とはそもそも何なのか。経済学や政治学での定義とは別に、一般には社会主義・共産主義との対比や、自由主義、民主主義と混同されて用いられているイメージが少なくない。

少なくとも言えることは、科学技術の著しい発展のもとで、地球資源からの奪取を、工業化を軸とする産業の発展に接続し、あらゆる社会制度に徹底して成り立ったのが、資本主義であるということであろう。

つまり、科学優先、産業優先の社会を実現するための経済の仕組みとして、最も効率的な制度として登場したという側面が否定できないのである。

そこでは、技術進歩と共に資源の発見（発掘）や有効活用も相まって、まさに幾何学的に生産力が向上し、人間が人間を支配抑圧する社会システムとして、究極的には人間の能力を切り分け、搾取することによって今日まで継続してきた。

生産力の向上は社会発展の原動力

ただ筆者なりに解釈すれば、生産力の向上が社会の発展の原動力となるという観点は間違いではないと思っている。しかし、そうした生産力の向上を可能ならしめたものは、蒸気機関の発明や化石燃料の発掘であり、さらにヨーロッパ諸国からすれば、アジアやアフリカ等の「後進国」を植民地として踏み台にすることであり、帝国主義や覇権争いを生み出す土台ともなった。

また、その生産力の発展に適応できる経済システムとして貨幣経済が打ち立てられ、無限の富の蓄積を可能としたことから、生産力の向上に比例して、貧富の差を拡大させることになった。一方、そうした搾取や抑圧に対するアンチ・テーゼとして登場した社会主義も、結果的に、生産力が十分に向上していない地域で登場したり、政治体制における民主主義が蔑ろにされ、独裁主義や専制政治が出現したりすることによって、世界史的には大きく後退したと見なさざるを得ない状況となっている。しかし、そのことは、資本主義というシステムが地域の持続可能性という視点において正解だったことを証明したことでは決してないのである。

物質的豊かさに相応しい人間が育っているか

さて、生産力の向上を、自然との関係で考えると、生産力が大きく増加しなかった近世までは、手工業を中心とした活動の中で、生産というよりは、自然の恵みの一部をお裾分けしてもらうという状況に近かったのではないだろうか。もちろん森林を切り拓いたり、狩猟や漁によって、生態系を脅かしたりすることもあったであろうが、幸か不幸か、人間にはそこまでの技術や能力が備わっていなかったのである。

自然の法則を発見し、理解することから始まった近世の自然科学の発達は、最優先である生産力の向上に貢献するため、結果として、自然の恵みを必要以上に搾取することに道を開くこととなった。

このように結論だけを述べてしまうとあまりにも短絡的だが、その過程においては、「人間存在とはそもそも何であるのか？」という哲学的倫理学的探究が続けられ、人としてどうあるべきか、より良き生とはいかなるものか、といった問いかけが続けられて来たし、教育の歴史においても、そうした科学の発展にふさわしい人間をどのように育成するのかという研究や実践が続けられてきた。

しかし、そうした努力を吹き飛ばすような形で、科学主義、実証主義、経済主義といった風潮が跋扈してきたのが、今日の姿なのではないだろうか。

物質文明と科学技術への過度の崇拝

別の言い方をすると、「人としていかにあるべきか」が真剣に問われている間は、自然の恵みに感謝し、自然そのものを破壊してしまうような社会は、少なくとも無前提に肯定はされていなかったのであろう。科学の著しい発展のもと、あるべき自然を維持するというバランスが、人間社会における利便性や物質的豊かさへの欲求の前に根底から覆されて来たのが、今日の最大課題なのである。

それが資本主義という経済システムに依拠するものなのか、あるいは、資本主義とは別の次元における物質文明のいびつな発展、科学技術への崇拝といった状況から結果として齎されたものであるのか、といった点については、ここで結論を出すことはできない。

しかし、生産力の向上を至上命題とする資本主義において、物質文明や科学主義が軌を一にして発展してきたことは否定できないであろうし、その結果として引き起こされた人口の爆発的増加と自然破壊の進行によって、ローマクラブの「成長の限界」においても指摘されたように、人類の未来は危機に直面しているということなのである。

18世紀後半以降の産業資本主義の発展は、工業化を原動力として、200年以上にわたって右肩上がりの社会を作り出した。しかし、その中で、皮肉にも唯一右肩下がりだったことは、自然界、すなわち地球環境の持続可能性だったことは間違いないだろう。

新たな社会経済システムが不可欠

つまり、資本主義が生産力の向上のためには手段を選ばないという手法を取る限り、労働力であれ、自然界であれ、搾取できるものは涸れ果てるまで搾取することになる。もちろん、そうならないよう、一定のブレーキを踏んだり、労働力の維持に必要な調整を行ったりすることは継続されているが、資本主義という枠組みの中でどの程度の努力が可能なのか、現時点では不透明であるとしか言いようがない。

その点では、自然界も労働力も搾取することなく、利便性や物質的豊かさのみを追求することもせず、そして貧富の格差や不平等を前提としない社会制度を、そもそも資本主義と呼べるのかどうか、もはや疑問であるが、資本主義を肯定するか否定するか、資本主義の継続として理解するかどうかは別として、従来の資本主義の枠を超えた新たな社会経済システムの構築が不可欠なのは確かであろう。

下りのエスカレーターを上る

一方、我が国において、あるいはアジアの一部の国を中心に、新たな状況も生まれている。右肩上がりの発展の終焉は、生産力や経済発展だけでなく、第７章で述べた人口減少、とりわけ出生数の減少に伴う人口減少も含んでいる。

現在、アジアの先進都市を中心に進んでいる人口減少は、欧米諸国でも拡がることが予測されている。

まさに「下り坂をそろそろと降り」ていく時代だが、じっとしていては単なる後退にしかならない。

比喩的な表現をすれば、下りのエスカレーターには乗っているが、その中で下り続ける階段を登り続けて、結果として現状維持になるような状態が、新たな持続可能な社会に対して適切な表現ではないだろうか。

ここで、重要なことは、持続可能な社会とは、決して「現状を維持する社会」ではないということである。

「成長」社会から「定常型」社会へ

- **豊かさや便利さだけを求める経済成長至上主義（右肩上がり）からの脱却**
- **右肩下がり「縮小社会」への挑戦**

これまでのような上りのエスカレーターに、ただじっと乗っているだけで恩恵を被っている状態では、決して、人は育たない。少なくとも、そこで達成された財産を食いつぶすだけで、維持発展させるに相応しい

人間が育ちにくい。まさに、それが、高度経済成長期以降の、我が国の教育が直面した最大の課題だったのではないだろうか。

しかも、エスカレーターは既に下りになっているのに、利便性や物質的な豊かさだけは、かつて経験したことのない快適な環境が「与えられて」いる。

同時に、下りのエスカレーターで、じっとして衰退を待つだけでは、その社会は決して持続可能ではないし、まさに岡田尊司氏が予測するような「ネオ・サピエンス」とでもいうしかない虚無的で回避的な人間が増えるだけで、決して創造的な社会とは言えない。

12-2 吾、唯、足るを知る

佐伯啓思氏は、「経済成長主義への訣別(新潮選書)」において、「経済成長そのものを否定するのではない」と念押しされているが、言うまでもなく、人間がより良い社会を築きたいと望んで、努力することは決して否定されるべきではない。

まさに、これまで人類の歴史の中で繰り返し描かれてきたユートピアは、平和で、安全で、物が豊かで、人々が平穏に暮らしている、そんな人類の理想社会を求めたものだったと考えられるし、仏教の世界でいう浄土も、人々が何とかしてたどり着きたいと願った「あの世」が描かれた。

そうした理想は実現が程遠いうちは、叶わぬ夢であったが、人間の欲望は悲しいことに無限であり、常にそれが悲劇を招いてきた。

世界遺産でもある京都市右京区の龍安寺の有名な蹲は、口という字を囲んで、「吾唯足るを知る」と読める作りになっている。

＜龍安寺の蹲＞

老子の言葉でも、「足るを知る者は富めり」という同じような言葉があるが、人間の際限のない欲望の果てに、結局、不満や不幸が現れることが古今東西の懸案であるとすれば、今日の社会は、欲望を増大させるコマーシャリズムに踊らされ、幸福感から遠ざけられ続けているとしか言いようがない。

豊かさより幸福度

話題が逸れるかもしれないが、世界の幸福度調査で、近年、北欧諸国が常に上位を独占している。また、経済的に決して裕福と言えないブータンが、近年は利便性の向上や国際交流が進む中で大きく状況が変わり、難しい局面も出ているようであるが、かつては幸福度の上位に位置していた。

一方、我が国の幸福度はOECDの先進国では最も低い位置に甘んじている。消費税が世界で最も高い水準にある北欧諸国で、幸福度が高いことは、我が国の幸福度の低さと比較して、何か象徴的な感じがしている。

科学的な根拠がある訳ではないが、人間の幸福感の根底には、自分が他者や社会のために役にたっているという自己有用感や、自然の中で生かされている一体観のようなものがあるのではないだろうか。周囲の人々と繋がっていることや守られていることの安心感、社会の役に立っている満足感が、幸福感には伴っているように感じるし、心の豊かさや深い精神性と符合しているのではないだろうか。

際限のない欲望との闘い

いずれにせよ、経済成長が、際限のない豊かさを期待して、やみくもに欲望を広げていくことだけに終始する先には、自然が破壊されようと、他者が苦しんでいようとお構いなしという感覚に陥っている姿があるように思われる。あるいは、「自分さえ良ければ」、「今さえ良ければ」といった、人類や他の生物、もとより地球環境の未来はおろか、子や孫の時代のことさえ関係ないといった刹那主義に陥っているように感じてならない。

その意味で、佐伯氏が唱えるとおり、経済成長だけが重要であるような思い込み、あるいは社会の利便性や物質的豊かさのみを追求する姿勢から脱却する道を探ることなしに、我が国の、ひいては世界の将来は持続可能たりえないし、その落とし穴に陥らない道筋こそレジリエンスの構築なのである。

12-3 目指すべき社会の姿とは

では結局、レジリエンスのある社会とはどのようなものなのだろうか。

結論から先に言えば、既に述べたように「社会を構成する一人一人の人間がレジリエンスを身に付けており、社会の基礎単位である家庭や地域、あるいは職場や学校も、そして行政にも、レジリエンスが定着している。そして、そうした組織の集大成としての社会全体がレジリエンスを有しており、その結果、レジリエントな人間がまた育っていく。」そのような循環的、あるいは教育的構造が考えられるのではなかろうか。

しかし現実には、与えられた物質的な豊かさや便利さの向上と裏腹に、家庭や地域の機能が弱まり、職場環境においても、ブラック企業という言葉が定着してしまった。

学校も、全体として教育環境がこれほど充実してきたのに、不登校やいじめ問題、あるいは子どもの貧困が社会問題として指摘される。またPTA活動の低迷が話題になることも多い。

決して、物が乏しく貧しい昔の時代が良かった筈はないが、協力して目標に向かい、努力して獲得し、知恵を絞って工夫する機会が激減していることは、レジリエンスの形成にとって、必ずしもプラスに機能する訳ではないことは間違いなさそうである。

敢えて言えば、そうした負荷や課題は、人間の成長にとって不可欠であり、苦労は買ってでも行うという諺は、あながち過去の言葉ではないのである。

自助・共助・公助のバランス

さて、自助・共助・公助という言葉がある。自助の重要性をめぐっては、昨今、政治的な議論になったことも記憶に新しい。確かに、公助ができない口実として、自助の重要性を唱える、あるいは共助に責任をなすり付けることは間違っているだろうが、大切なのはこの三つのバランスであり、相互関係だろう。

つまり、公助の目的は、各自が自助で過ごすことができるようにサポートすることであり、その橋渡しをするのが共助なのではないだろうか。特に昨今は、この共助が弱くなっており、十分機能していないため、公助と自助の綱引きのような状況が起こっているように感じる。

もちろん、災害への直後の対応や、経済的な支援、子どもの学びにおいてなど、場面によって、これら三者の比重や意味合いが、当然変わってくるだろうが、究極的に自助が不可欠であり、共助がサポートし、公助が全体をフォローする構図は間違いないと言えよう。

なぜ、ここでそのことを論じるかと言えば、レジリエンスのある社会においても、同様のことが言えるからである。レジリエンスのある社会は、誰かが作ってくれて、その恩恵だけ預かるという代物ではなく、個々のステークホルダー、つまり関係者が、当事者意識を持って、レジリエンスのある社会に向けて努力し、その結果、実現が可能になる社会なのである。付け加えれば、その努力の過程において、それぞれの当事者にレジリエンスが形成され、その社会に相応しい人間に成長させてくれるという構図が成り立つのである。

そこでは社会の構成員一人一人が、「当事者意識」を持ち、社会の在り方はもとより、次の世代の育成のために責任を共有する社会である必要があるだろう。

選挙の投票率もバロメーター

同時に、多様性を尊重し合う民主的な議会や政治のルール、あるいはそれらを可能にする情報の開示や共有は、当事者意識と一体のものである。

いささか飛躍するが、自治体の首長や議員を選ぶ最も身近な選挙の投票率が50%にも達しないような状況や、自治会の加入率が低迷している状態は、レジリエンスのある社会や組織と言えないであろう。

もちろん、選挙の投票率は、単に高ければ良いというものではないかも知れないが、概ね、地域コミュニティへの帰属意識や当事者意識と比例しているのではないかと常々感じている。選挙の啓発というと、主に投票期間に行われるが、日ごろの地域コミュニティへの参画、災害への備えや環境保全の取組、防犯や町並み保全への意識の醸成などと緊密に結びついていることが認識されなければならない。

そうした個々人の努力が、実は社会の発展において相互に繋がっていること、自分自身もその当事者であることを認識することこそ、レジリエンスのあるライススタイルのスタートに他ならないのである。

企業のCSRとレジリエンス

併せて、社会の重要なステークホルダーというべき企業の活動についても、社会のレジリエンスを構築するうえで、どのような役割を担うのか、改めて、吟味される必要があるだろう。

もちろん、企業という限り、本来、経済的に採算が合わなければ存続すら難しいことは事実であるが、いわゆる「老舗（しにせ）の商い」においては、技や伝統の継承、お得意さんからの信頼といった商いの原点ともいうべき価値観が存在していた。

また、高度経済成長期の反省から、CSR（Corporate Social Responsibility）、いわゆる「企業の社会貢献」に取り組んできた企業も数多く、かつてのISO認証や今日のSDGsの先駆的役割を果たしていることは言うまでもない。

これらの企業に共通しているのは、繰り返しになるが、「今だけ、自分だけ」という狭い視野ではなく、長いスパンでの商いの継続や、顧客や世間も含めた「三方良し」の考え方、さらには自然に負荷をかけない活動といった社会の一員としての視点なのではないだろうか。

地域貢献を含めたワーク・ライフ・バランス

加えて、企業の大きな役割は、地域や家族の一員である従業員に対し、いわゆる「ワーク・ライフ・バランス」の観点を従業員に対して徹底することであろう。一般に、「ワーク・ライフ・バランス」というと仕事と家庭や趣味との両立という範囲で論じられる場合が多いが、京都市では、そこに地域活動を加えた「真の」ワーク・ライフ・バランスを提唱している。

つまり、仕事や家庭、趣味以外に、PTA 活動や自治会活動などに従業員が参加することを、企業文化として推奨し誇りとすることが大切になっているのである。

それは、まず行政にも言えることで、公務員が、地域での活動や様々なボランティアに積極的に参加することが、今後益々重要になってくることは論を待たない。

そうした社会の担い手を自前で育成していくことこそ、企業や行政の最大の社会貢献の一つであるとともに、社会の一員としての責務なのであり、社会を構成する企業や行政さらには大学に、そうしたレジリエンスを担う役割が備わっていることも、社会全体のレジリエンスにとって忘れてはならない課題なのである。

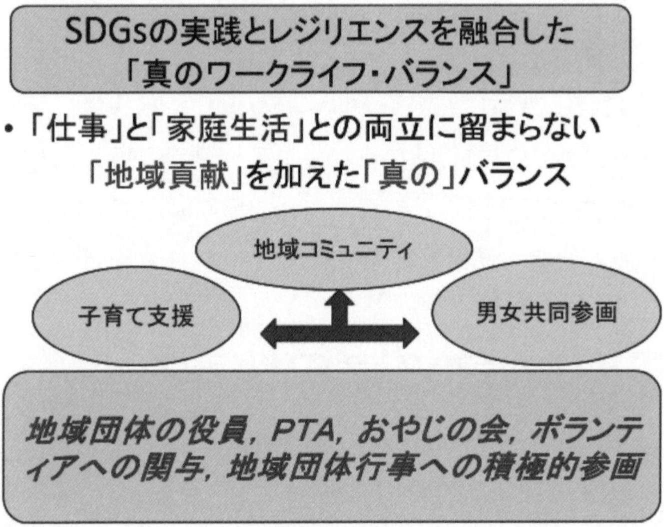
SDGsの実践とレジリエンスを融合した
「真のワークライフ・バランス」
・「仕事」と「家庭生活」との両立に留まらない
「地域貢献」を加えた「真の」バランス
地域コミュニティ
子育て支援
男女共同参画
地域団体の役員，PTA，おやじの会，ボランティアへの関与，地域団体行事への積極的参画

常に人が育ち創造し続けるレジリエンス社会

こうしたレジリエンスのある社会の最大の特徴は、出来上がって完成して終わりではなく、常に変化向上し続ける存在だということである。つまり、レジリエンスのある社会を実現することも、確かに極めて困難であるが、実現する以上に困難な課題は、実は、その社会を「持続」させることなのである。

そして、レジリエンスを備えている社会とは、そうした変化向上し続ける社会に適応し、新たに築いていく担い手を育て続けられる社会でもなければならない。まさに、レジリエンスのある社会を作る努力を経験した人だけが、その社会に相応しい人間に成長することができるし、次の世代を育てていく資質も備えることができるのである。

12-4 私たちはどうあるべきか

2014年にNHKの連続テレビ小説で、作家の村岡花子さんをモデルにした「花子とアン」という番組（原案・村岡恵理、脚本・中園ミホ）が放送されていたが、たまたま筆者が見たその中の一コマで、主人公が女学校を卒業するときに校長先生が卒業生に送った言葉が、あまりにも秀逸だったので、筆者の記憶の限りでご紹介したい。

「あなた方が、この学校を卒業して何十年かして、あの頃の学校生活が一番良かったと感じるなら、筆者は、この学校での教育が失敗だったと言わなければならない」

卒業生に送る言葉として、これから先に人生のピークを持って行ってほしいということを、ある意味で逆説的に訴えた名演説だと思うが、まさしくこのスピーチは、生涯にわたる学びの重要性を表現したものであることは言うまでもない。学校を卒業しても、学び続け、様々な体験を重ねることで、より充実した人生を送るという生涯学習の出発点であり、一部を構成するという学校教育の大前提が、今日、疎かになっていないだろうか。

レジリエンスのある社会は生涯学習社会

いささか極論を言えば、学校教育の究極の目標である「生きる力」とは、次の学校に進学しても、あるいは社会に出ても、学び続けること、努力し続けること、協力し合うこと、困難に立ち向かう勇気を持つこと、即ちまさしくレジリエンスの大切さを体得させることをおいて他にない。

もちろん、基礎基本と言われる学習を積み上げていくための土台は不可欠であるが、努力することを放棄したり、燃え尽き症候群になったりした卒業生を送り出す教育機関は、まさに学校教育の所期の目標を達成したと言えないだろうし、レジリエンスのある子どもが育つ環境とは言い難い。

要するにレジリエンスのある社会は、人間が、より良き生活、より良き人生、より良き社会に向けて、当事者意識を持って学び続け、実践し続ける生涯学習社会であると言って差し支えないだろう。

そしてそこでは、「自分さえ良ければ」「今さえ良ければ」という刹那的かつ短絡的な価値観を克服した人間が必要とされるだろうし、次世代を含む遠い将来の世代のための貴重な資源を、ただただ食いつぶすような行為は、極力控えられる筈である。

つまり、脈々と続く自然の営みの中の一コマとして、少なくとも自然の支配者としてではなく、自然に包まれ生命を育まれている今の自分が存在しているという謙虚さが尊重されるのである。

もちろん科学技術の進歩に向けた努力や様々な研究への勇気ある挑戦を否定するつもりは毛頭ない。しかし、目の前の利便性や効果だけを追求し、将来、どのような影響を及ぼすか解明できないような技術開発には何某かの慎重さが求められるのではないだろうか。

物が溢れ、様々な情報が入り乱れ、人間の生命さえ人工的に操作されかねない風潮の中で、今、ここにある自分がいかに奇跡的な存在であるのかを忘れてしまうような時代を迎えている今日、また、インターネットの普及により、バーチャル・リアリティと呼ばれる仮想現実社会が私たちに与える影響も計り知れないものがある。特に、スマートフォンの発展が、ここまで人々の日常生活を大きく変えるとは、はたしてどれだけの人が想像しただろうか。

そうした技術の進歩に比べると、人間社会全体の知性や教養は、むしろ退化しているのではないか。少なくとも、猫も杓子もスマホとにらめっこしている車内や路上の様子をみていると、いささか心配になってしまう。

少なくとも、先端科学や最新技術に相応しい知性や教養（Culture=文化）を備えた人間が育っていない所に、社会の望ましい発展はありえないことを、近現代の人類歴史は証明しているように感じるのである。

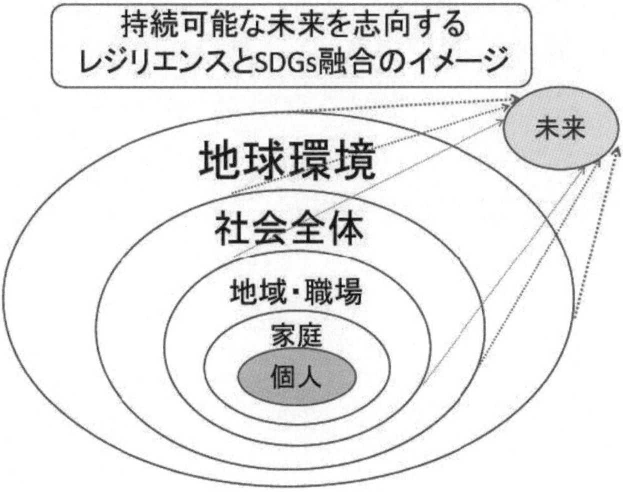

＜個人のレジリエンスチェック表＞

最後に、個人のレジリエンスチェックのために、筆者独自に項目を考えてみた。全部で12項目になるが、10項目以上に「○」が付けば、とりあえず合格だろうか。6項目に満たない人は、ライフスタイルを根本的に考え直す機会にしてもらいたい。

□ 1 自治会・町内会に加入している
□ 2 ご近所と必ず挨拶を交わし日常会話もできる
□ 3 地域の運動会等の事業や防災訓練に参加している
□ 4 家具などが倒れないよう、つっかえ棒等をしている
□ 5 備蓄用の水や避難用グッズを準備している
□ 6 ゴミの減量、節電に積極的に取り組んでいる
□ 7 妊産婦、高齢者等にすすんで席を譲る
□ 8 自分のまちの歴史や文化について関心がある
□ 9 辛い時に相談できる仲間や友人がいる
□ 10 何事も頑張れば何とかできると楽観的に考える
□ 11 予想外のことが起こっても臨機応変に対応できる
□ 12 歩きスマホなど「ながらスマホ」はしない

以上、勝手な思いの丈を述べてきたが、せっかく読み進めていただいた皆さんに、楽しく読み終えていただけるよう、2020年3月に京都市で作成したレジリエンスをテーマにした佐川明日香さんの作画によるマンガ冊子をご披露したい。

実はレジリエンス戦略の中に「未来からの手紙」という内容の文章を載せていたのだが、そこからヒントを得て、作成したものがそのマンガである。レジリエンスやSDGsの意義について理解を広げるため、市立中学校の全生徒に配布している。

（未来からの手紙）

2019年の私へ、2040年の私から元気ですか？　……と聞くのも変ですね。

あなたが今、自分やこのまちの未来に、希望と共に様々な不安をいだきながらも元気に過ごしていることを、私は知っています。実は私は、あなたがこのレジリエンス戦略に挟まれた手紙を読んでいる2019年から21年後、戦略の目標年次である2040年の“あなた”です。

私は今も京都に住んでいます。「なぁ〜んゃ！」って思うでしょうか。もちろん行動的だったあなたは、あれから東京や外国にも行き、いろんなまちを見てきました。でも、やっぱり住むなら京都、このまちが一番と実感しています。

京都のまちはどうなっているかって？　京都は今も、鴨川や桂川などの流れが清らかで、歴史的な町並みや自然景観の中で春の桜も秋の紅葉も変わらずきれいです。暑い盛りの祇園祭も、山鉾の若い曳き手が少しずつ増え、多くの人々を魅了しています。そう、京都は美しく活気ある世界の京都であり続けています。

この21年の間には、自然災害の危機も度々ありました。去年も、あなたの時代に現れ始めた「メガ台風」が発生。とんでもない暴風と豪雨に、家や建物が損壊し、バスや鉄道も全面ストップ。まちなかの川も氾濫寸前……。今はAIの活用等で危機管理システムがかなり発達しましたが、それでも自然の力は時として予測を超え、みんな「大丈夫やろか」と気が気ではありませんでした。

でも、子どもや高齢者、京都に訪れていた観光客まで、全ての人のいのちを守り、被害を最小限にとどめ、いち早い復旧を果たした京都。その最大の力になったのは、システムなど文明の利器よりも、地域の絆の力、市民の助け合いの力と、それを支える様々な団体、企業、大学、行政など、まちぐるみの連携の力でした。

私も、一人暮らしのお年寄りの避難を助けたり、言葉が通じず体調も崩して不安を募らせていた外国人観光客を救護したり。……地域の消防団に入り、多くの若者や女性団員たちと共に活動している未来を、あなたはまだ知らないでしょうけど。

あなたの時代には人口減少の危機も深刻で、これからの社会がどうなるのか大きな不安でしたね。

私の時代でも、災害や人口減少、経済、景観や空き家、地域コミュニティ、地球温暖化など、様々な問題が全て解決した訳ではありません。

でも、これらを、ひとごとではなく“自分ごと、みんなごと”として、私たち市民や地域と行政が協働する様々な取組が、確実に実を結んできています。

この戦略に書かれた“50年後、100年後、1000年後も輝かしく持続・発展する京都の未来”に、私たちはあなたよりも少しだけ自信と確信を持っています。

そして、その未来の実現に向けてスタートを切るのは、21年後の私たちではなく、今のあなたたちだということを知っておいてください。

そうそう、うちのお隣さんも、“レジリエント・シティ京都”の評判を聞いて数年前に東京から移住してきて、今度、もう1人赤ちゃんが産まれる予定とか。また、地域が子どもたちの声でにぎやかになりそうです。

では、未来から期待を込めて！

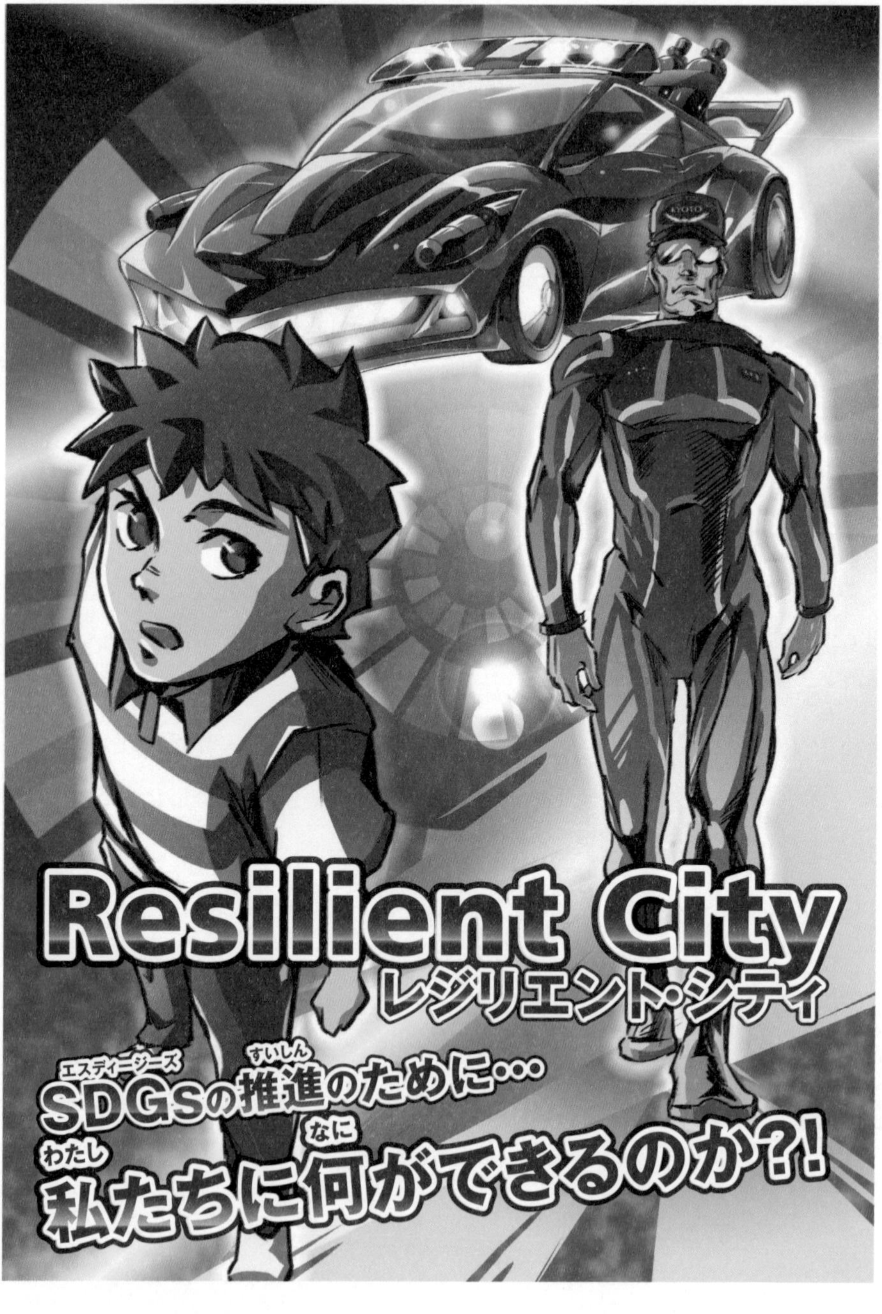
Resilient City
レジリエント・シティ
SDGs(エスディージーズ)の推進(すいしん)のために…
私(わたし)たちに何(なに)ができるのか?!

始めよう、防災活動
現代の活動を見てみたい。君も勉強になるし，共に行かないか。
面白そうだから行きたいな。
ねえ，お母さんも行こうよ。
いいわよ。レイちゃん。
消火訓練（放水）
おお!現代の消防団も活気があるな!全国的に団員が減っている中，京都市では，女性や学生も含めて団員が増えているんだ。
すごいな。僕もやってみたい。
国や市が建物の耐震補強や河川整備など，災害が起きにくいように動いているが，災害は必ず起こるものだ。そのときにみんなの協力が不可欠だ。
おおっ，迫力がある。
土嚢設置訓練
高齢者宅への防火指導
家に来て説明してくれるなんて安心よね。
消防団の他にも，地域住民による防災組織である自主防災会や水防団，高齢者等の生活相談に携わる民生児童委員，老人福祉員社会福祉協議会など，地域のみんなで見守り活動をしているんだ。
僕だって負けていないよ。大きな台風のときに隣のおばあちゃんを避難所に連れていくのを手伝ったんだ。
頑張ったわね。
避難所の中でも，まとめ役の人に何かできないか聞いていたところもよかったよ。

次は，学校と地域の活動だ!
みんなを見守る地域の力
子ども見守り隊
妹が通る通学路にいる人達も見守ってくれているんだね。
そういえば，今年，レイちゃんが参加した学区運動会も地域の活動ね。
学区運動会
その通り! 学区での運動会も，年齢に関係なくみんなが一つになるイベントだ。
僕が通う中学校でも，地域の人が支援してくれてるんだね。
学校運営協議会のイベント
そうだ。地域の産業と連携した学習も催されているぞ。いつの時代も子どものことを思っているんだよ。

京都らしさを守る
レジリエントなまちに繋がる取組は，文化や芸術，町並みにも関係するんだ。
本当に？
君が住んでいる京都は，千年続く都なんだよ。京料理などの食文化，茶道，華道，書道，伝統芸能などの文化が培われているところなんだ。
茶道
食文化
書道
華道
伝統芸能
能（のう）・狂言（きょうげん）など
床の間
畳
香道
それって，お父さんが言ってた，京都らしさってやつ？
そうだよ。レイちゃん。
京都は文化が息づいている。地蔵盆が盛んなのもその一つ。地域のつながりのためにも大事な行事だ。日々の生活の中で，文化を意識していくことも大切なんだ。

町並みだってそう。
当たり前だと思っている京都の美しさも，
実は多くの市民の理解や協力のもとで，
守られているんだよ。
確かに
昔と全然違うや!
お祭りの雰囲気も
変わってくるね。
ゴチャ…
ゴチャゴチャ
平成19年度
平成30年度
建物の高さ，外にある広告看板なども
規制されているんだ。

レジリエントな心の持ち方

さて,色々とみてきたが
レジリエントなまちをつくるには,市民がレジリエントな心を持つことが大事だ。
レジリエントな心?
君は,悲しかったり,辛い思いをしたことがあるかい?
そりゃ,僕にもあるよ。
ラグビーのチームで思うように試合ができないときは辛かったな。
うう…
くやしい…
そんな状況で,君はどうしたんだい?
ラグビー日本代表のようになりたくて,チームの弱いところを見直して,みんなで強くなるように練習を続けたんだよ。
そうしたら,少しずついいプレーができるようになったんだよ。今はすごく楽しい!
わー
わー
それがレジリエンスだよ!
レジリエンスって,そういうことなの?
困難なことがあっても,あきらめずに,前を向くことが重要なのさ!

「レジリエント・シティ」とは?

あらゆる困難をしなやかに，力強く乗り越え，将来にわたって魅力あふれるまちという意味で，どのような困難が訪れても，常に復元し続ける持続可能な状態，つまりレジリエンスを都市の在り方に当てはめたものです。

京都が，20年後，50年後も魅力ある都市であり続けることを目指して，「レジリエンス戦略」を策定しています。

再会
半年後・・・
生き方探求・チャレンジ体験 地元消防署にて
消防士さん,
少しずつ慣れてきたよ。
やっているね。感心,感心。
あ,令治郎さん。
こんにちは。
KYOTO
あれから,レジリエントなまちに
ついて学んだかい?
じゃあ,
これをやってみるといい。
もちろん。

どうだった?
ほとんどできてるよ。
それは何より。
レジリエントな取組をいくつか紹介しよう。
地域等での取組例
夏祭りは毎年楽しみにしてるんだよね。
みんなが楽しんで触れ合える，それが大事なんだよ。
地域の人にしっかりとあいさつすることもレジリエンスだ。顔なじみの関係が大事なんだ。

掃除など,家で手伝いすることもいいぞ。
進んで自分に何ができるか
考えてみるといい。
レジリエントなまちに繋がる取組に
反するものとして,自転車や歩きながらの
「ながらスマホ」がある。
KYOTO
注意力が弱まるし,ひょっとしたら,
人にけがをさせてしまうかもしれない。
絶対にしてはいけないよ。
身近な心遣いで
変わるんだね。
せっかくだし,もう一つ。
SDGs(エスディージーズ)って知ってるか?
確か,この時代ではそういっていたな。
なにそれ?
その手に持っているものと
関係があるの?

これか?
これはSDGsのバッジだよ。
何となく見たことがある気もするけど知らないや。
ねぇ勿体ぶらずに教えてよ!
SDGsとは!
2015年に国連で世界の国々が合意した,「誰一人取り残さない」という考え方のもと,
2030年までに,持続可能な社会を実現するために決めた17の目標のことだよ。
初めて聞いたよ。
KYOTO
SDGsの言葉は聞いたことがなくても
京都の生活・文化の中で,昔から大切に実践されてきたことなんだよ。

SUSTAINABLE DEVELOPMENT GOALS
1 貧困をなくそう
13 気候変動に具体的な対策を
11 住み続けられるまちづくりを
15 陸の豊かさも守ろう
5 ジェンダー平等を実現しよう
6 安全な水とトイレを世界中に
2 飢餓をゼロに
16 平和と公正をすべての人に
17 パートナーシップで目標を達成しよう
8 働きがいも経済成長も
14 海の豊かさを守ろう
7 エネルギーをみんなにそしてクリーンに
9 産業と技術革新の基盤をつくろう
3 すべての人に健康と福祉を
12 つくる責任つかう責任
10 人や国の不平等をなくそう
4 質の高い教育をみんなに

17の目標には,教育,エネルギー,不平等,気候変動,そして世界中の人々が協力するパートナーシップなどがあるよ。
国や自治体,企業,学校,地域,個人の全員が協力して取り組むべき,目標なんだ。

最後に,
SDGsの取組例を紹介しよう。
生まれた場所,性別や肌の色,
信仰している宗教などで,
差別することはいけないことなんだよ。
みんな平等なんだよ。
10 人や国の不平等をなくそう
多文化共生 外国人の活躍支援
15 陸の豊かさも守ろう
生物多様性
動物園では,絶滅しそうな生き物
の保存や繁殖を行っている。
京都市動物園に行ってみると
希少な動物が見られるぞ。
地域で作った農作物を,地域で
消費する「地産地消」は,
安心・安全な食を確保できるし,
地域も活性化できる。
京野菜
12 つくる責任 つかう責任
13 気候変動に具体的な対策を
打ち水
夏場は打ち水して,
手軽に涼が手に入る。
節電にもつながるぞ。

買い物に行くときは，エコバッグを利用するんだ。
そうか! ペットボトル飲料を買うのではなく，水筒を持ち歩くこともSDGsになりそうだね。
12 つくる責任 つかう責任
MY BAG
MY BOTTLE
SDGsとレジリエンスは，目指す方向は同じ「持続可能な社会」なんだ。取組も重なるぞ。
一緒に進めていけるんだね。
そうだ。今の美しい京都のまちを未来につなげていくために，みんなと一緒に，一つ一つ取組を進めていってほしい。
わかった。任せてね。
これは,未来に帰ってどうなっているか見るのが楽しみだな。
じゃあな・・・
20年前の俺
えっ・・・・まさか・・・!?

この漫画はフィクションです。
実在の人物や団体などとは関係ありません。

（CROコラム7）

「身近なレジリエンス」

「レジリエンス」……聞き慣れない言葉ですが、皆さんの身近なところで思い当たる例は見つかりましたか？

・ショックな体験から立ち直って、ひと回り大きくなったような気がする。

・骨折して、リハビリの後、気が付くと周囲の筋肉が逞しくなっていた。

・ゴルフでミスショットの後、上手くリカバリーできて、良いスコアで上がれた。

・会社が厳しい状況に直面して、逆に従業員の結束が固まった。

などなど

是非、まずは身近な場面で、「あー、今、レジリエンスを体感したな！」「うちの家庭のレジリンスはどうだろう？」「ちょっと『レジ』ってみようか（笑）」

そんな思いを共有していただける方が、一人でも増えること、まさにそれがレジリエンスのある社会ではないでしょうか。

レジリエント・シティとは、「レジリエンスのある市民が集い、活躍し、育つまち！」でもあるのです！

むすびに

レジリエンスに直接関わり始めて４年半あまりが経過し、少しずつこの言葉を耳にする機会が増えてきたように感じている。私自身の力はもちろん微々たるものであるが、幸い、レジリエンスや SDGs 等をテーマとした講演やシンポジウムにお招きいただき、京都はもちろん、東京や大阪、神戸でも、京都の取組を発信するお手伝いをさせていただき、オンラインを含め様々な会議や学会誌でも報告する機会をいただいた。

そんな時に、新型コロナウィルスの感染拡大が起こり、社会の在り方そのものが改めて問われるようになった。そして、その影響というべきか、レジリエンスという言葉も、以前にましてマスコミなどで取り上げられるようになったことは間違いない。

この機会に、何が起こるか判らない危機への備えという意味で、どうしても紹介したいことがある。それは私のライフワークになっていることでもあるが 1999 年 12 月に京都市伏見区で発生した小学校内で当時 2 年生の男子児童が校庭に侵入した若者に刺殺された事件である。

筆者は当時京都市教育委員会の課長として、現場での対応を任された立場にあった。犯人が学校への恨みをほのめかす犯行声明を残して逃亡したこともあり、当該地域はもちろん、京都市や近隣地域全域に不安が広がり、連日、マスコミが取り上げ、一部のワイドショーの行き過ぎた取材もあり、非常に緊迫した状況が続くことになった。

しかし、事件発生直後、緊急に設けられた子どもたちや保護者等の心理的ショックや不安への必要な配慮や、事件へのその後の対応に向けた「専門家会議」で、座長を務めた河合隼雄先生が述べられた言葉は、今も私の脳裏に焼き付いている。

即ち、今回の事件は、この間、地域住民や学校関係者の努力で進められてきた「開かれた学校づくり」への挑戦であり、失われた尊い生命を無にしないためにも、門を閉めることだけで対応するようなことがあってはならない、という内容であった。

事実、当該校でこそ、押し寄せたマスコミへの対応のため、校門は仕方なく閉めることになったが、市内のその他の学校では、決して、安易に校門だけを閉鎖するのではなく、逆にPTAや地域住民によって、登下校中の子どもたちを見守る活動が始まることになったのである。今でこそ、全国の津々浦々で、そうした「子ども見守り隊」といった活動が展開されているが、私の知る限り、京都市においても、伏見区での事件を受けてPTA連絡協議会が呼びかけて全校で取組が始まったことを紹介しておきたい。

翌年には、大阪教育大学附属池田小学校での悲惨な事件が起こるなど、学校が無前提的に安全な場所ではなくなってしまい、防犯カメラや校門の施錠などは、止むを得ない状況ともなったが、同時に子どもたちを社会全体で守ることの大切さ、言い方を変えれば、社会全体が安全でなければ、学校だけが安全な状況はあり得ないことも明確になったのである。

学校の門を閉ざし、塀を高くし、警備員を配置するといった事例は、海外では決して珍しくないし、我が国においても私立学校などでは通常の形態となっている。これは時代の趨勢として仕方のないことだろうが、学校の中がどれほど安全になっても、登下校の道中や、子どもたちが遊ぶ公園が危険な状態では解決にならない。だからと言って、公園に常時、警備員を配備することは現実的ではない。しかし、仮に、一人一人の住民がボランティアで、いわば見守り手としての役割を担うことができれば、多くの大人の目で子どもを守ることは決して不可能ではない筈だ。

現に伏見区小学校事件においては、「人の垣根で子どもたちを守る」ことが呼びかけられ、PTA を中心に、多くの地域住民が自主的に協力したのである。

話題が逸れたかも知れないが、子どもを守るという視点で捉えた場合にも、門に鍵をかけたり、塀を高くしたりするのではなく、地域の日頃からの支え合いや登下校時間に合わせた散歩、水やりなどさりげない気配りを大切にしていく危機管理をしっかりと定着させることは、様々な危機への対応という意味で、今日のレジリエンスを先取りした対応と言えるのではないだろうか。

ところで、実は昨年、私の大学時代の恩師（と私から呼ばせていただくのは、出来の悪すぎる教え子として、却って失礼かも知れないのだが）が米寿を越えて、渾身の著書を出版された。英国紳士を地で行かれる雰囲気で、私が心から尊敬する碩学である京都大学名誉教授の岡田渥美先生の「人間にとって『教養』とは」（文理閣）という書籍である。物質文明や科学万能主義に翻弄され、人間の本質が疎かにされつつある現代社会において、人間が人間たるために、そしてより良き生を実現するために、今、私たちに何が必要なのかを厳しく問いかける文章の一つ一つを、奥に秘められた深い洞察に感銘しながら拝読した。広島原爆の被爆者としてご家族を失った体験を自らの人生の根底に据えながら、ギリシャ時代以降、ルネサンス期を経て近代、現代に至る、教育思想、哲学思想を、体系的かつ本質的に掘り下げて来られた岡田先生ならではの著書であり、到底、私のような者に、限られた字数で紹介できる内容ではない。

しかし、著書の最後に締めくくられた言葉を見て、私は思わず、身震いしたのである。そこに記されていた、読者に送る師の座右の銘としての文言こそ、「Self-Resilience」という言葉だった。

岡田先生は、私が、母校の京都大学教育学部で同窓会長を以前務めさせていただく機会を得た時も、「君が同窓会長になってくれて、本当に嬉しいよ」とわざわざ電話をくださり、「ところで、君が取り上げている Resilience は、ラテン語のどの言葉の概念を用いているのかね？」とお尋ねいただいた。

私にとっては、短い期間しか付き合いのない言葉だが、様々な体験を乗り越えて来られた岡田先生にとって、まさにこの言葉は長い学究生活において根幹の一つをなしていたのだ。

そうした点では、本書は、決して岡田先生が考察されてきたような学究的な深みをもったものでないことは認識しているが、レジリエンス（Resilience）という言葉の持つエネルギーや本質的な意味合いについて、少しでも身近に新しい視点で触れていただく機会を提供できれば幸甚の極みである。

また、日本臨床心理士資格認定協会主催の「心の健康・文化フォーラム」において、基調提案をさせていただいたことも大きな喜びであった。京都大学教名誉教授で、京都市教育委員長もお務めになった藤原勝紀先生から、「これからはレジリエンスがキーワードになるから、是非一度、講演をしてもらえないか」とお声掛けをいただき、令和元年 12 月に国立京都国際会館の大ホールで、臨床心理士を中心とする 1800 人の聴衆にお話をさせていただいた。副市長時代に、挨拶などで舞台にたったことはあったが、かつて「人づくり 21 世紀委員会」発足の総会で、河合隼雄先生も講演された壇上で、レジリエンスについて、基調提案をさせていただいたことは、望外の喜びでもあった。

それ以外にも、私立幼稚園協会の政令指定都市総会をはじめ、大きな節目の舞台での講演の機会も数多くいただいたことをこの場をお借りして感謝申し上げたいし、微力ながら今後もレジリエンスの重要性を広く伝え続ける活動を大切にしたい。

また今回の発刊にあたって、題字を京都市文化功労者で我が国を代表する書家の杭迫柏樹先生に揮毫していただいた。「レジリエンス」というカナ文字を毛筆で力強くまた格調高く仕上げていただき感謝の言葉しかない。なお杭迫先生は私の講演をこれまでに三度も聴いてくださっている。

さらに、レジリエンス・SDGs フォーラムでも鼎談させていただいた山極壽一先生に「レジリエント・シティに選定された京都。その統括監を担う著者が、レジリエンスの概念を豊富な事例で綴った。世界有数の歴史都市を防災・減災に強い持続可能な未来都市に構想していく道筋は、副市長として京都を知り抜いた著者ならではのアイデアにあふれている。コロナ後の社会をデザインするうえでも大いに参考となる。」という身に余るご推薦の言葉を頂戴したことも光栄の極みである。

なお、本書の執筆にあたっては京都市のレジリエンス、SDGs 所管部局の優秀かつ前向きなスタッフのサポートがなければ到底なし得なかった。特に京都市が「世界 100 のレジリエント・シティ」に選定されるための手続き段階から専任通訳として尽力して来られた松本麻里さんには、他都市戦略の分析や和訳について、全面的に頼ってしまった。心から感謝を申しあげたい。

また、京都新聞出版センターの岡本俊昭さん、松村麻也子さんにも筆者のわがままを粘り強くお聞きいただき、改めて御礼を申しあげる。

むすびに、先行き不透明な現代社会を、当事者意識を持って考えていただくうえで本書が少しでもお役に立てることを念願している。

レジリエント・シティとしての主な経緯

（この間、京都市のロータリー・クラブ、ライオンズ・クラブをはじめ多くの団体等で講師やパネラーとしての機会をいただいているが、紙面の都合上、割愛させていただき、レジリエント・シティとしての取組に直接関わるもののみ紹介している）

2013年		ロックフェラー財団による「レジリエント・シティ」プロジェクト発足（2014年以降、3か年で、世界から100都市を選定）
2016年	5月	京都市を世界100レジリエント・シティの一つに選定
	10月	100RCプロジェクト本部シンガポール事務所からの京都市訪問
2017年	2月	アジェンダ・セッティング・ワークショップ開催
	4月	チーフ・レジリエンス・オフィサー（CRO）配置
	4月	CROオリエンテーション（シンガポール）
	4月	京都市レジリエンス推進本部設立
	5月	レジリエント・シティ・キック・オフ・ミーテイング開催
	6月	OECDレジリエンス・ラウンドテーブル参加（タンペレ・フィンランド）
	7月	アーバン・レジリエンス・サミット（ニューヨーク・アメリカ合衆国）
2018年	1月	「レジリエント・シティ京都市民フォーラム」開催
	3月	レジリエント・シティ地震サミット（メキシコシティ・メキシコ）
	4月	アジア地域CRO交流会（シンガポール）
	5月	京都創生・レジリエンス・SDGs推進本部設立
	10月	局区代表者によるレジリエンス構築ワークショップ
	12月	京都市レジリエンス戦略策定に向けたパブリックコメント募集
2019年	3月	「京都市レジリエンス戦略」策定
	4月	レジリエンス戦略についての関係者説明会
	7月	市民しんぶん7月1日号でのレジリエント・シティ特集掲載
	7月	アーバン・レジリエンス・サミット（ロッテルダム・オランダ）
	12月	「SDGs・レジリエンス推進京都市民フォーラム」開催
2020年	2月	「レジリエンス×格付け」ジャパン「3つ星レジリエンスシティ」認定
	3月	レジリエント・シティ　マンガ版リーフレット発行
	4月以降	政策融合促進庁内会議（随時）
	9月	「グローバル・レジリエント・シティネットワーク」でのスピーチ（オンライン）
	12月	「SDGs・レジリエンスフォーラム（オンライン）」開催
2021年	4月	「はばたけ未来へ！京プラン2025（京都市基本計画）」策定
	7月	SDGs未来都市・自治体モデル事業に選定
	7月	「モスクワ・アーバンフォーラム」におけるパネラー（オンライン）

主な参考文献

京都市レジリエンス戦略（2019、京都市）

藤田裕之「都市におけるレジリンスの構築」（国際文化政策9号、2018、国際文化政策研究教育学会）

藤田裕之「レジリエンスと持続可能性」（「こころの未来」Vol.22、2019、京都大学こころの未来研究センター）

藤田裕之「京都発!レジリエンスとSDGsの融合〜都市の持続可能性に向けて〜」（「建築雑誌」2020年1月号、2020、日本建築学会）

藤田裕之「常に進化するSDGs先進都市・京都を目指して」（「Re」No206、2020、一般財団法人建築保全センター）

藤田裕之「常に進化するSDGs先進都市・京都を目指して〜レジリエント・シティ京都の挑戦〜」（「繊維学会誌」2021年77巻、2021、日本繊維学会）

藤田裕之「都市のレジリエンス構築に向けて〜レジリエント・シティ京都におけるSDGsとの融合〜」（「日本不動産学会誌」137号、2021、日本不動産学会）

荒谷大輔「資本主義に出口はあるか」（2019、講談社現代新書）

岩田健太郎「新型コロナウイルスの真実」（2020、ベスト新書）

岩田健太郎「『感染症パニック』を防げ!」（2014、光文社新書）

石見徹「『幸福な日本』の経済学」（2017、講談社選書メチエ）

内田樹「ローカリズム宣言」（2018、deco）

内田樹編「人口減少社会の未来学」（2018、文藝春秋）

内田由紀子「これからの幸福について」（2020、新曜社）

枝廣淳子「レジリエンスとは何か」（2015、東洋経済新報社）

枝廣淳子「地元経済を創りなおす — 分析・診断・対策」（2018、岩波新書）

沖大幹他著「SDGsの基礎」（2018、事業構想大学院大学出版部）

NHK取材班「外国人労働者をどう受け入れるか」(2017、NHK出版新書)

NHKスペシャル取材班「縮小ニッポンの衝撃」(2017、講談社現代新書)

大内裕和「奨学金が日本を滅ぼす」(2017、朝日新書)

大野和基編「コロナ後の世界」(2020、文春新書)

岡田渥美「人間にとって『教養』とは」(2020、文理閣)

岡田尊司「ネオサピエンス」(2019、文藝春秋)

落合陽一「2030年の世界地図 — あたらしい経済とSDGs、未来への展望 — 」(2019、SBクリエイティブ)

海原純子「こころの格差社会 — ぬけがけと嫉妬の現代社会人」(2006、角川ONEテーマ21)

加賀乙彦「不幸な国の幸福論」(2009、集英社文庫)

筧祐介「持続可能な地域のつくり方」(2019、英治出版)

加藤茂孝「人類と感染症の歴史 — 未知なる恐怖を超えて — 」(2013、丸善出版)

加藤茂孝「続・人類と感染症の歴史 — 新たな恐怖に備える — 」(2018、丸善出版)

河合雅司「日本の少子化 — 百年の迷走」(2015、新潮選書)

河合雅司「未来の地図帳 — 人口減少日本で各地に起こること」(2019、講談社新書)

河合雅司「未来の呪縛 — 日本は人口減少から脱出できるか」(2018、中公新書ラクレ)

河田惠昭「津波災害 増補版 — 減災社会を築く — 」(2018、岩波新書)

経産省若手プロジェクト「不安な個人、立ちすくむ国家」(2017、文藝春秋)

斎藤幸平「人新世の『資本論』」(2020、集英社新書)

佐伯啓思「経済成長主義への訣別」(2017、新潮選書)

佐々木雅幸「創造都市への挑戦〜産業と文化の息づく街へ〜」(2012、岩波現代文庫)

佐々木雅幸編著「創造社会の都市と農村 — SDGsへの文化政策 — 」(2019、水曜者)

柴田悠「子育て支援が日本を救う」(2016、勁草書房)

清水美香「協働知創造のレジリエンス」(2015、京都大学学術出版会)

セルジュ・ラトゥーシュ、中野佳裕訳「脱成長」(2020、文庫クセジュ)

高橋進「生物多様性を問い直す ― 世界・自然・未来との共生とSDG ― 」(2020、ちくま新書)

高橋信弘編著「グローバル化の光と影」(2018、晃洋書房)

デイビッド・ウォレス・ウェルズ、藤井留美訳「地球に住めなくなる日」(2020、NHK出版)

寺田寅彦「天災と国防」(2011、講談社学術文庫)

永田夏来「生涯未婚時代」(2017、イースト新書)

中原圭介「AI×人口減少 これから日本で何が起こるのか」(2018、東洋経済新報社)

日経BP総研編「日経BP総研2030展望 ビジネスを揺るがす100のリスク」(2018、日経BP社)

西川潤「2030年未来への選択」(2018、日経プレミアムシリーズ)

ハーバード・ビジネス・レビュー編集部編、DIAMONDハーバード・ビジネス・レビュー編集部訳「レジリエンス」(2019、ダイヤモンド社)

ハンス・ロスリング他、上杉周作・関美和訳「FACT FULNESS」(2019、日経BP社)

広井良典「ポスト資本主義 科学・人間・社会の未来」(2015、岩波新書)

広井良典「生命の政治学 福祉国家、エコロジー、生命倫理」(2015、岩波現代新書)

広井良典・大井浩一編「2100年へのパラダイム・シフト」(2017、作品社)

広井良典「人口減少社会のデザイン」(2019、東洋経済新報社)

ひろゆき「このままでは日本に未来はないよね。」(2019、洋泉社)

平田オリザ「下り坂をそろそろと下る」(2016、講談社現代新書)

夫馬賢治「ESG思考」(2020、講談社+α新書)

藤井聡「レジリエンス・ジャパン日本強靭化構想」(2013、飛鳥新社)

藤田孝典「貧困時代～社会の監獄に閉じ込められた若者たち～」(2016、講談社現代新書)

ブライアン・ウォーカー、デイヴィッド・ソルト、黒川耕大訳「レジリエンス思考―変わり

ゆく環境と生きる」(2020、みすず書房)

増田寛也(編著)「地方消滅～東京一極集中が招く人口急減～」(2014、中公新書)

松久寛、森まゆみ「楽しい縮小社会」(2017、筑摩選書)

マルクス・ガブリエル、大野和基訳「世界史の針が巻き戻るとき」(2020、PHP新書)

水野和夫「資本主義の終焉と歴史の危機」(2014、集英社新書)

村上芽「少子化する世界」(2019、日経プレミアムシリーズ)

毛受敏治「限界国家 — 人口減少で日本が迫られる最終選択」(2017、朝日新書)

諸富徹「人口減少時代の都市 — 成熟型のまちづくりへ」(2018、中公新書)

保井美樹編著「孤立する都市、つながる街」(2019、日本経済出版社)

山岡耕春「南海トラフ地震」(2016、岩波新書)

山崎亮「縮充する日本『参加』が創り出す人口減少社会の希望」(2016、PHP新書)

山下祐介「『都市の正義』が地方を壊す — 地方創生の隘路を抜けて」(2018、PHP新書)

山田浩之(編著)「都市祭礼文化の継承と変容を考える」(2016、ミネルヴァ書房)

山田浩之・赤崎盛久編「京都から考える都市文化政策とまつづくり」(2019、ミネルヴァ書房)

吉川洋「人口と日本経済 長寿、イノベーション、経済成長」(2016、中公新書)

レスター・R・ブラウン、枝廣淳子・中小路佳代子訳「地球に残された時間 — 80億人を希望に導く最終処方箋 — 」(2012、ダイヤモンド社)

鷲田清一「しんがりの思想～反リーダーシップ論～」(2015、角川新書)

■著者紹介

藤田裕之

レジリエント・シティ京都市統括監。ロックフェラー財団提唱の「世界100レジリエント・シティ」で都市の窓口として創設されたChief Resilience Officer（CRO）を2017年4月から務めている。

1955年生まれ、兵庫県出身。

京都大学教育学部で西洋教育史を専攻し大学院を目指すも挫折。

最終的に京都市役所に勤務し、配属された教育委員会で生徒指導課担当課長、生涯学習部長等を歴任。

教育委員会以外の唯一の部署として2010（平成22）年4月から右京区長を3年間経験。

2013(平成25)年4月　門川大作京都市長のもとで副市長に就任し、区役所行政、教育・子育て支援、保健・福祉・医療、文化・芸術、防災・危機管理、国際交流等を担当。(任期満了に伴い2017年3月退任)

現在は、京都市国際交流会館館長を兼ねるとともに、京都光華女子大学客員教授も務め、各種講演、パネラーや大学での講義も積極的に行っている。

レジリエンス京都！

発行日　2021年11月1日　初版発行
著　者　藤田裕之
発行者　前畑知之
発行所　京都新聞出版センター
〒604-8578　京都市中京区烏丸通夷川上ル
ＴＥＬ075-241-6192　ＦＡＸ075-222-1956
http://www.kyoto-pd.co.jp/book/

印刷・製本　株式会社ＩＴＰ

ISBN978-4-7638-0757-1 C0030